Alphonse de la Forge
Gigi, ein Traum

Alphonse de la Forge

Gigi, ein Traum

Rediroma-Verlag

Bibliografische Information der Deutschen Nationalbibliothek:
Die Deutsche Nationalbibliothek verzeichnet diese Publikation in der Deutschen Nationalbibliografie; detaillierte bibliografische Daten sind im Internet über http://dnb.ddb.de abrufbar.

ISBN 978-3-96103-348-5

www.rediroma-verlag.de
11,95 Euro (D)

für
Joanna

Ich kenne deinen Namen,
deine Geschichte aber
kenne ich nicht.

Inhalt

Kapitel und Geschichten

Das Spiegelbild der Isabel und eine Fotografie für die Ewigkeit
Johanna Caspari – Ein besonderer Tag in ihrem Leben

1. Vorwort

Gefühle sind sonderbar. Sie können uns sogar einen Streich spielen, besonders dann, wenn das Gefühl „heimliche Liebe“ ist. Eine solche Liebe lässt man im Verborgenen - mit der tiefen Überzeugung, für den geliebten Menschen das Richtige zu tun. Äußere Umstände lassen uns das glauben oder es fehlt uns nur der erforderliche Mut. Die zurückgehaltenen Gefühle können zur Besessenheit führen - auch zur Verzweiflung, zur Flucht in eine Traumwelt, letztlich in den Wahnsinn.

Seit Max verwitwet ist und seine Drogerie verkauft hat, lebt er zurückgezogen in seiner kleinen Wohnung in der Hauptstadt. Schließlich kauft er sich ein Haus in der kleinen Stadt am Rande der panonischen Tiefebene. Während eines Theaterbesuches fällt seine Aufmerksamkeit auf die junge Schauspielerin Johanna Caspari. Da sie bedeutend jünger ist als er, scheint sie für ihn unerreichbar und er beginnt sein neues Leben mit einer besonders eigenartigen Erinnerung an sie. Als er dann einige Jugendliche auf dem Eislaufplatz sieht und ein Mädchen ihn an Johanna erinnert, entführt ihm seine Erinnerung in einen seltsamen Traum.

Gigi, ein Traum, erzählt von einer jungen Schauspielerin und deren Arbeit mit der Regisseurin am Theater. Zwischen den beiden entsteht allmählich eine Freundschaft. Schließlich machen die beiden eine unglaubliche Entdeckung.

Für alle, die von einer großen Liebe enttäuscht wurden, jene, die das Glück gefunden haben und jene, die eine große Liebe nicht vergessen können - und das auch nicht wollen.

2. Vorwort, Prolog

„Ja sind wir denn von Sinnen?“, haucht eine zarte Frauenstimme. Die junge Schauspielerin in ihrem barocken Kostüm und der so üppigen Perücke hat es Max angetan.

„Was ist das, was geschah?“

Er geht in jede ihrer Vorstellungen, um sie zu sehen.

Eine junge Frau - scheinbar voller Lebenslust und Unternehmungsgeist.

„Ist´s Wirklichkeit, ist´s Traum?“

Aus der Bühnenloge bewundert er sie.

Irgendwie wirkt sie wie ein Diamant, dessen Schönheit aus ihren Augen blitzt. - Verborgen unter dem barocken Kostüm. - Gehoben aus der Tiefe des Sees. - Ausgegraben aus dem Sand der panonischen Steppe. - Beinahe ihm in die Hand gelegt.

Alphonse de la Forge

1. Kapitel

Ein Domizil zum Verlieben

Majestätisch steht sie da, die Jugendstilvilla am Rande der Bundesstraße. Die kleine Stadt liegt ruhig am südlichen Hang der Gebirgskette. Fast ist die Straße schon zu nahe an das Haus herangebaut. Ein typischer Schönheitsfehler, verursacht durch den Fortschritt, wenn eine Straße verbreitert wird. Der Morgenverkehr rollt eilig am Haus vorbei. Lieber hätte Max Sanjar weiter oben am Waldrand - oder wenigstens in der Nähe der Fußgängerzone - ein Haus gekauft. Doch damals hat diese Villa genau seinen Vorstellungen entsprochen. Mit dem breiten Eingang, dem kleinen Turm und den großen Räumen ist sie genau das, wonach er gesucht hat. Seit er seine Wohnung und die Drogerie in der Hauptstadt verkauft hat, lebt er nun zufrieden in seiner Traumvilla. Auch Isabel, seine Frau, fühlt sich darin sehr wohl.

„Die Terrasse ist ein Traum", hatte sie gleich gesagt, als sie sich von dort aus den Garten ansahen. „Allerdings verdeckt der große Bürobau auf dem Nebengrundstück die Morgensonne."

Das Grundstück ist eher zu klein für dieses Haus, doch der Garten ist gerade groß genug, um die Zeit für die ‚ach so mühsame Gartenarbeit' erübrigen zu können. Da Max seine Zeit des Tages für den Haushalt aufbringt, muss das wuchernde Grün eben so lange warten, bis es schon groß und rank geworden ist. Isabel ist sogar zu beschäftigt um sich am Wochenende im Garten in die Sonne zu legen. Wenn sie schon einmal daheim ist, dann nur um sich mit dem Manuskript der nächsten Inszenierung zu beschäftigen. Als Regisseurin lassen ihre Ideen für ein neues Stück keine wirkliche Ruhe fürs Privatleben aufkommen. Sogar samstags am Frühstückstisch werden schnell noch einmal die Notizen aufgeschlagen und Ideen für die nächste Probe gesammelt.

„Hast du gut geschlafen, Schatz?“ Max nimmt die Antwort „Hm“, wie gewohnt als „So ist es“, hin. Er weiß, jetzt kann er sie nicht aus ihren Gedanken holen. Gleich wird sie - wie jeden Tag - aufstehen, ins Bad stürzen, ihr schönes dunkles Haar eilig durchbürsten und los gehen. Auch an diesem Samstag ist die Probe für das neue Stück unerlässlich. ‚Gigi' soll gekonnt inszeniert werden, so wie man es von Isabel erwartet. Ja, so wie man es von ihr kennt. Max hatte sie einst am Theater kennen gelernt, als sie dort wunderbare Vorstellungen spielte und er sich in sie verliebte. Später folgten Auftritte in Musicals, die Isabel beim Publikum bekannt machten.

„Tschüss“, ruft sie, während sie schnell an Max vorbei zu der Anrichte geht, um ihre Tasche zu nehmen und dann ist sie dahin.

Das Frühstücksgeschirr ist gespült, die Schürze ist wie üblich nass geworden. ‚Wer eilt macht sich selbst nur noch mehr Arbeit', denkt Max. Das ist auch Isabels Motto. Er bindet sich eine neue Schürze um, nimmt ein Tuch und beginnt im Wohnzimmer Möbel abzustauben. Auf der Kommode steht ein Bild von Isabel. Ihr langes dunkles Haar glänzt, ihre Augen betrachten ihn liebevoll. Der pastellfarbige Pullover, den er ihr geschenkt hat, betont ihren Teint. Nachdem er es liebevoll abgestaubt hat - innerlich hat er das Bild an sein Herz gedrückt - stellt er es bedächtig auf die Kommode zurück.

Herrenabend

Max öffnet die Haustür.

„Schön, dass du gekommen bist Jakob. Komm herein“, begrüßt er den jungen Nachbarn.

„Hallo Max“, antwortet ihm der junge Mann freundlich.

Jakob betritt das Haus und Max führt ihn in die Diele bis zu der großen Treppe. Max bemerkt seine neugierigen Blicke.

„Es ist schon ein sehr altes Haus, ich habe es aber auf den notwendigen Stand gebracht.“

„Sieht sehr gemütlich aus.“

„Komm ins Wohnzimmer, ich habe etwas für die Jause hergerichtet. Du kannst dich inzwischen etwas umsehen, ich bin gleich fertig.“

Max geht in die Küche und Jakob betrachtet den Raum. Der ordentliche Tisch und der gemütliche Lehnstuhl ziehen seine Blicke auf sich. ‚Ob Max auf dem Flügel spielen kann?’

„Gleich ist es soweit“, hört er Max aus der Küche.

Jakob betrachtet das Bild auf der Kommode. Die hübsche Frau in dem barocken Kostüm und der ulkigen Perücke gefällt ihm.

„Tolles Kostüm. Wer ist denn die Schöne auf dem Bild?“, fragt er.

„Das ist Johanna Caspari, eine Schauspielerin.“

„Eine so schöne Frau und so jung.“

„Das war ihr Bühnendebüt sozusagen“, antwortet Max während er die Weingläser aus dem Schrank nimmt.

„Das ist aber eine sehr alte Fotografie“, bemerkt Jakob.

„Sie hat sie mir einmal mitgebracht, als ich sie darum gebeten habe.“

„Du kennst sie persönlich?“, ist Jakob erstaunt.

Max stellt ein Tablett mit belegten Brote auf den Tisch und schaut Jakob verständnislos an.

„Isabel und ich, wir haben doch geheiratet. Das war Jahre später. Ich konnte es erst gar nicht glauben, als sie für eine neue Produktion wieder in die Stadt kam. Es sind einige Jahre vergangen, doch sie war so schön wie damals."

„Du hast diese Frau geheiratet?", fragt Jakob verwirrt. „Die auf dem Bild?"

Max lacht über ihn: „Du kennst doch Isabel. Komm setz dich, ich hole eine Flasche Rotwein."

Jakob geht zum Tisch und greift auf die Lehne des Sessels. Bevor er sich hinsetzt, hält er inne und schaut voll Mitleid zu seinem Freund. Schon oft hat ihm dieser von Isabel erzählt.

Der Junge mit der Schultasche

Ein Junge geht mit seiner Schultasche die Bergstraße entlang. Nach fünf Unterrichtsstunden ist der Weg auch für einen zwölfjährigen beschwerlich. Seine Schultasche mit all den Büchern und Heften für die Fächer, die heute auf dem Stundenplan standen, macht ihm den Heimweg nicht leichter. Dass seine Schwester und sein Bruder, als sie noch Schüler waren, dieselbe Anstrengung täglich auf sich nehmen mussten, tröstet ihn wenig. Unverständlich sind ihm daher die Aussagen von Konstanze, seiner Stiefmutter: „Man muss ja nicht jeden Weg mit dem Auto fahren. Man kann doch auch einmal zu Fuß gehen."

Sie! Gerade sie, die sich am Liebsten einen Butler anstellen würde, der ihr alles nachträgt, was sie sich gerade in den Kopf setzt. Nach dem Friseur zu Fuß nachhause gehen? Unvorstellbar für Konstanze. An sich kam Julian bisher gut mit der neuen Frau seines Vaters zurecht. Doch seit er gestorben ist, versucht sie im Haus das Kommando zu übernehmen. Sofie mit ihren zweiundzwanzig Jahren, lässt sich das überhaupt nicht gefallen und Florian hatte auch seine Probleme mit ihr. Seit er jedoch mit Doro, seiner Freundin zusammen gezogen ist, gehen die von Konstanze gut gemeinten Vorschläge an dem Ältesten der Geschwister geduldet vorüber.

Julian erreicht am Ende der Häuserreihe die Abzweigung für den Fußweg zum Haus. Diese Abkürzung spart den langen Weg über die Einfahrt. Als er die ersten beiden Schritte davon zurücklegt, sieht er den freundlichen Mann, der unten an der Hauptstraße in einer Villa wohnt. Irgendwie kommt Max ihm seltsam vor. Er sieht ihn immer nur allein beim Haus und im Garten. Julian glaubt nicht, dass er Kinder hat. ‚Schade, in dem Haus würde ich mich auch wohlfühlen', hat er sich schon öfter gedacht. ‚Wenn wenigstens Kinder in dem Haus wohnen würden, könnte ich dort mit ihnen verstecken spielen, besonders in den gespenstisch wuchernden Gebüschen.'

Max winkt dem Knaben. Er hat ihn schon öfter auf dem Weg zur Schule an seinem Haus vorbei gehen sehen. Julian winkt zurück.

‚Er ist ein ordentlicher, gut erzogener und höflicher Bub', denkt Max. ‚Hoffentlich behält er etwas davon, wenn er älter wird'. Und schon ist der Bub hinter dem Gartenzaun verschwunden.

Julian geht durch die Gartentür. Sie ist meistens nicht verschlossen, denn Sofie lässt sie häufig offen - ob gedankenlos oder um Konstanze zu ärgern, weiß er nicht.

„Kannst du bitte das Gartentor absperren, wenn du so spät nachhause kommst?“, fragt sie in einem ängstlichen aber bestimmenden Ton.

„Wer weiß, wer da herein kommt oder dir sogar nachgeht."

Sofie zuckt dann mit den Schultern. Das macht sie oft, wenn sie gelangweilt ist, oder wenn ihr etwas egal ist. Besonders dann, wenn man ihr etwas sagt, das sie nur als Vorschlag gelten lässt.

Julian sperrt die Haustür mit dem Schlüssel, der an einem ausreichend langem Band um seinen Hals hängt auf und wirft die Tür zu nachdem er das Haus betreten hat.

„Julian, bist du es?", fragt Kostanze aus der Küche. „Ja!" ‚Wer sonst', denkt er, so wie es seine Schwester in diesem Augenblick leise zu ihm gesagt hätte.

„Wasch dir bitte gleich die Hände. Das Essen ist schon fertig."

‚Oh, Konstanze hat gekocht.' Heute ist Mittwoch, da hat Paula die Haushälterin ihren freien Tag. Er stellt die Schultasche auf den Boden und geht in den Waschraum neben der Diele. Nach dem Händewaschen setzt er sich im Esszimmer an den Tisch. Konstanze stellt einen Teller mit Fleischlaibchen und Püree vor Julian auf den Tisch.

„Guten Appetit."

„Danke", sagt er artig und wundert sich, dass die Fleischlaibchen heute einmal nicht zu dunkel geworden sind.

Konstanze stellt einen zweiten Teller für sich selbst auf den Platz neben Julian.

„Oh", sie geht schnell in die Küche zurück und nimmt dabei die Schürze ab. Als sie wieder zurückkehrt stellt sie zwei Salatschüsseln mit frischem grünen Salat dazu.

„Lass es dir gut schmecken", lächelt sie ihren Stiefsohn an.

Der hat inzwischen die Anstrengung des Heimweges vergessen und freut sich bereits auf den Nachschlag. Es schmeckt ihm, auch wenn es jeden Mittwoch, wenn Paula ihren freien Tag hat, dieses Essen gibt.

Wahrscheinlich kann sie nichts anderes kochen, hat Sofie einmal gesagt, als sie mittags zu Hause war und mitgegessen hat.

Er ist jedes Mal froh, wenn Sofie zu Hause ist und er den Nachmittag nicht mit Konstanze allein verbringen muss. Er versteht sich zwar gut mit ihr, dennoch hat sie ihre Eigenheiten, die besonders auch für einen Buben in seinem Alter sonderbar erscheinen. Ja, als Sofie noch zur Schule ging und sie jeden Tag ihren Spaß miteinander hatten, ist das Leben für ihn angenehmer gewesen.

„Kann ich bitte noch ein Fleischlaibchen haben?“, fragt Julian höflich.

„Ja gerne“, freut sich Konstanze. Sie nimmt seinen Teller und holt ihm einen Nachschlag.

Nach dem letzten Bissen legt Julian das Besteck auf den Teller und will aufstehen.

„Wasch´ dir die Hände und beginne gleich mit deinen Hausaufgaben.“

„Ich treffe mich jetzt gleich mit Thomas und Rudi zum Fußballspielen. Die Hausaufgabe mache ich später“, sagt er gelassen und geht in die Diele.

‚Seine Schwester hätte es nicht bestimmender sagen können’, denkt Konstanze und weiß, dass sie gegen die beiden keine Chance hat. Genervt bringt sie das Geschirr in die Küche und räumt es in die Geschirrspülmaschine.

2. Kapitel

Ein neues Mitglied für das Ensemble

Die Türen des Autobusses öffnen sich und Sofie schlängelt sich an dem langsam aussteigenden Mann vorbei. Sofort läuft sie den Gehsteig entlang, doch bevor sie das große Tor auf der rechten Seite erreicht, wird sie langsamer. Sie hält inne und betrachtet das Gebäude. Hier soll sie also spielen. Das Haus ist eines der bekanntesten großen Theater der Hauptstadt. Sie hat schon einige kleine Rollen gespielt, doch hier soll sie zum ersten Mal für eine Hauptrolle vorsprechen. Noch immer kann sie es nicht fassen! Genauso wenig wie damals, als sie den Anruf von der Agentur erhielt.

Heute ist es soweit, sie soll die Regisseurin des Stückes kennen lernen. Für das Vorsprechen hat man ihr einige Szenen des Stückes zukommen lassen.

Sie atmet noch einmal tief durch und betritt das Theater durch den Bühneneingang. Neugierig sieht sie sich im großen Vorraum um. Links befindet sich die Portierloge. Weiter vorne wird die Bühnentür von einem Arbeiter geöffnet und sie kann einen Blick auf die Bühne erhaschen. Ein großer Kulissenteil lehnt an der Seite. Der Arbeiter trägt ihn mit seinem Kollegen auf die Bühne. Sofie entgehen nicht die Blicke, mit denen man sie neugierig betrachtet. Entschlossen geht sie auf den Portier zu.

„Guten Tag, ich bin Sofie Opsjena. Frau Cisárovná erwartet mich zum Vorsprechen."

Er schaut die junge Schauspielerin freundlich aber kritisch an. ‚Sehr hübsch', denkt er. ‚Fast schon zu schlank für eine Schauspielerin'. Die Modelfigur gefällt ihm aber recht gut.

„Ich bin doch nicht zu spät?“, fragt sie auf eine Antwort wartend.

„Einen Moment bitte, ich rufe gleich oben an.“

Er drückt eine Taste auf dem Telefonapparat und nimmt den Hörer ab. Sofie sieht sich weiter um. Das Haus wirkt heruntergekommen. ‚Das hat auch schon bessere Zeiten gesehen’, denkt sie.

„Ja, Peter der Portier spricht, das Fräulein Opsjena wäre jetzt da. - Bitte sehr, ich richte es ihr aus.“ Er legt auf.

„Sie mögen bitte noch ein paar Minuten warten. Sie ist noch in einer Besprechung.“

„Darf ich mich auf diesen Sessel setzen?“ fragt sie. Sie weiß, dass es im Theater nicht gerne gesehen wird, wenn man das Bühnenmobiliar für konventionelle Zwecke benützt.

„Ja, selbstverständlich“, sagt Peter und kommt schnell aus seine Loge um ihr den Sessel zurecht zu rücken.

„Danke, sehr aufmerksam.“

Sie setzt sich, streckt die Beine und schlägt sie übereinander. Dabei schaut sie Peter an, als ob ihre Augen fragen würden: Was sagst du zu meinen langen Beinen?

Das Telefon läutet bevor er sich selbst eine Antwort geben kann.

„Ja, bitte sehr. Ja, ich schicke sie hinauf.“

„Sie können jetzt hinauf kommen. Gehen sie bitte dort den Gang vor und nach der Tür links die Stiege hinauf. Im ersten Stock, nach der ersten Tür links, bitte warten. Frau Cisárovná holt sie dort ab.“

„Da lang?“ Sofie deutet mit der Hand in den Gang.

„Ja, dann links und oben auch links.“

„Danke.“ Sofie rückt ihre Umhängetasche zurecht und geht zu dem Gang.

Isabel Cisárovná braucht keine Klassiker für das Vorsprechen um ihre Idealbesetzung zu finden. Sie hat eine klare Vorstellung von der Figur, dem Aussehen, der Stimme und der Ausstrahlung. Sie geht auf Sofie zu, als diese bei der Tür herein kommt.

„Herzlich willkommen. Ich bin Isabel. Lass′ dich anschauen. Ich darf doch du sagen?“

Sofie nickt irritiert über den so herzlichen Empfang.

„Gehen wir in den Besprechungsraum.“

Isabel öffnet eine Tür und lässt Sofie den Vortritt. Sofie wundert sich darüber, dass das Vorsprechen nicht auf der Bühne oder zumindest auf einer Probebühne stattfinden soll.

„Setz′ dich, mach′ es dir bequem.“

Sofie setzt sich auf den letzten Sessel des langen Besprechungstisches und stellt ihre Tasche auf den Sessel neben sich.

„Möchtest du etwas zu trinken haben?“

„Ja bitte, ein Glas Wasser.“

„Es kann auch heiße Schokolade sein oder Kaffee oder Tee. Wir haben auch Cola hier“, sagt Isabel während sie in den Nebenraum geht.

Sofie wundert sich, dass ihr heiße Schokolade angeboten wird. Das ist doch umständlich.

„Nein, nur Wasser.“

Sofie hört, wie das Wasser in ein Becken läuft. Währenddessen sieht sie sich den Raum an. An der Wand hängen Bilder von Schauspielern aus vergangenen Zeiten. Der Gedanke, dass sie sich eines Tages in so einer Ahnengalerie wiederfinden könnte, kommt ihr nicht in den Sinn.

Isabel stellt ihr das Glas hin und setzt sich auf den Platz an der Schmalseite des Tisches.

„Danke.“

„Hast du eine gute Fahrt hierher gehabt?“ Isabel versucht mit einer belanglosen Frage Sofies Unbehagen zu mildern.

„Ja, danke, ganz in Ordnung.“

‚Wie soll sie denn gewesen sein?‘, denkt Sofie. Sie mag es nicht besonders, wenn Höflichkeit und Umgangsformen ihrer Neugier auf das Wesendliche im Wege stehen.

„Nur beim letzten Umsteigen habe ich den Bus verpasst.“ Sie erwähnt nicht, dass sie beim Betrachten der Auslagen den Bus übersehen hatte.

Isabel lacht: „So geht es mir auch oft.“

Sofie trinkt einen Schluck und stellt das Glas zurück auf den Tisch.

„Du hast sehr schönes Haar.“

„Das muss ich mir doch nicht abschneiden?“

„Nein, nein, das machen wir schon, keine Angst.“

„Sie haben auch sehr schönes Haar.“

„Du.“

„Ich.“

„Und du, ich heiße Isabel.“

Sofie lächelt höflich.

„Also ich denke, dass wir morgen mit der ersten Probe beginnen werden. Es ist natürlich eine Leseprobe. Ist das in Ordnung für dich?“

„Soll ich nichts vortragen?“, fragt Sofie etwas zaghaft.

„Ich denke, dass du gut vorbereitet bist.“

„Ja, ich habe die Szene, wo Gigi von der Schule nach Hause kommt und dann zu Tante Alicia geht, um bei ihr Unterricht zu nehmen, vorbereitet.“

„Das passt gut für die Probe übermorgen. Da geht es richtig los.“

„Sofie verzieht ein wenig das Gesicht. Dafür habe sie sich also so bemüht, den Text für das heutige Vorsprechen zu lernen. Lieber hätte sie sich gestern Abend noch mit ihren Freunden getroffen. Ihr hochgezogener Mundwinkel entgeht Isabel nicht und Isabel greift sich unbewusst an ihr Kinn. ‚Wie eine Katze die vor dem Angriff schnurrt', denkt Isabel. Prima wie Sofie das macht. Isabel sieht die Szene genau vor sich. ‚Ja, genau so zornig musst du spielen.'

Sofie bemerkt, dass Isabel scheinbar an etwas anderes denkt. Isabel sieht den fragenden Blick, nun muss sie doch noch etwas sagen.

„Sofie, ich habe dich in ‚Der Kirschgarten' gesehen. Das ist zwar eine kleine Rolle gewesen, aber glaube mir, ich weiß genau, dass du für diese Rolle die richtige Besetzung bist."

Sofies Gesichtszüge entspannen sich allmählich.

„Dafür kann es nur eine geben und dass bist du meine liebe Sofie."

Isabel greift ihr auf den linken Arm und Sofie spürt ihren Herzschlag. Einen Augenblick glaubt sie, ihr schlägt das Herz bis zum Hals. Ob sie diesen Erwartungen gerecht werden wird? Dunjascha im Kirschgarten ist doch nur eine kleine Nebenrolle.

„Also dann, bis morgen", sagt Isabel, nachdem sie aufgestanden sind.

„Um zehn Uhr geht es los. Melde dich jetzt noch in der Personalstelle." Sie reicht Sofie die Hand.

„Komm gut nachhause. Tschüss."

„Tschüss", wiederholt Sofie.

Nachdenklich geht sie die Stiege hinunter. Immer noch ist sie darüber verwundert, dass Isabel sie nichts vortragen hat lassen. Sie ist sehr nett, beinahe mütterlich fürsorglich. Ob sie bei der Arbeit auch immer so nett ist?

Isabel überlegt kurz, ob sie Sofie nicht zu voreilig den Mund wässrig gemacht hat, die Besetzung obliegt doch dem Direktor. Zu dumm auch, dass Heinrich heute einen wichtigen Termin hat. Aber es ist bekannt, dass Isabel ihren Willen durchsetzt. Eigentlich war es eine Idee von Dagmar der Dramaturgin.

„Nimm sie doch für die Titelrolle“, hat sie ihr gesagt, als Isabel ihr von der jungen Künstlerin erzählt hat.

„Sie spielt so leidenschaftlich und ihre Bewegungen sehen aus, als würde sie immerzu in einem Tanz schwingen.“

„Na prima, zögerst du?“

„Sofie dürfte schon sehr eigenwillig sein. Die erste Titelrolle durchzuspielen war für mich auch nicht so einfach.“

„Du hast es geschafft - und noch mehr.“

„Ja.“

Isabel lächelt zufrieden. Sie ist überzeugt, dass Sofie die Rolle ausgezeichnet spielen wird. Während sie sich im Spiegel neben der Tür betrachtet, legt sie ihr langes Haar über die rechte Schulter nach vorne. ‚Sie wird das perfekte Mädchen dafür sein.’

Die erste Textprobe

„Vorzustellen brauche ich euch ja nicht“, begrüßt Isabel die versammelten Schauspieler die für das erste Textlesen an einem langen Tisch sitzen.

„Ich freue mich ganz besonders, mit euch dieses Stück erarbeiten zu dürfen. Und ich glaube fest daran, dass es gelingen wird. Sofie...“, sie lächelt zu der jungen Frau zu ihrer Rechten, „...spielt die Titelrolle. Unsere Wahl ist auf sie gefallen, weil sie...“-„... weil sie einfach wie geschaffen dafür ist.“

Sie sieht sie beinahe mit mütterlichem Stolz an, was Sofie etwas verlegen macht.

„Danke“, sagt sie.

Einige der Kollegen applaudieren. Klara schaut nur. Für zu frühes Lob hat sie nicht allzu viel übrig. Auch Dagmar, die Dramaturgin, schaut Sofie skeptisch an. Äußerlich entspricht sie überhaupt nicht der Figur der Gigi. Viel zu dünn, wie ein Model. Gigi soll doch wie ein Kind sein. Dagmar kann sie sich sogar mit Babyspeck vorstellen.

„Lasst uns beginnen“, Isabel nimmt ihre Textmappe.

‚Ja, wir wollen doch heute auch noch nach Hause kommen’, denkt Sofie.

Isabel macht eine Pause und schaut Sofie verstört an, als hätte sie ihre Gedanken hören können.

„Natürlich verlange ich Disziplin, Ausdauer und Textsicherheit. Ich habe nichts dagegen, wenn jemand einen Vorschlag machen will. Man kann alles ausprobieren.“

„Das ist sehr gut, wenn man sich einbringen kann macht die Arbeit auch gleich mehr Spaß “, wirft Friedrich, der Honoré Lachaille spielen wird ein. Er sitzt am zweiten Platz links, Isabel hat den Vorsitz eingenommen. Neben ihm sitzt Hubert. Er wird die Rolle des Gaston spielen. Ihm gegenüber sitzt Sofie. Neben ihr Klara, alias Gigis Großmutter Inez und Lotte deren Schwester Tante Alicia. Daneben an beiden Seiten jeweils die Darsteller der kleineren Rollen.

Isabel wirft Friedrich einen etwas strengen, aber nicht unfreundlichen Blick zu. Sollte er sie etwa unterbrochen haben. Die anderen verharren in Stille. Sie öffnet das Textbuch und setzt ihre Lesebrille auf.

„Gut fangen wir an.“

Auch Sofie öffnet ihre Tasche und nimmt etwas zaghaft ein Brillenetui heraus. Sie öffnet es und setzt sich ebenfalls ihre Lesebrille auf.

„Oh, Frau Professor“, hat Claudia zu ihr gesagt, als sie ihr die neue Brille gezeigt hatte.

„Ja, jetzt fällt mir das Lesen leichter. Vorher ist mir gar nicht aufgefallen, wie unscharf manche Texte waren. Aber der Augenarzt meinte, ich werde merken, dass es dann besser sein wird. Ich bin froh, dass ich nur eine Lesebrille brauche! Nicht auszudenken, wenn ich so jung schon mit einer Brille auf der Bühne spielen müsste."

„Es gibt auch noch Kontaktlinsen. Du weißt, sie sind bereits erfunden", wollte Claudia die Freundin aufheitern. Sofie weiß das normalerweise zu schätzen, dennoch verzog sie den Mund.

„Ja, das kenne ich von Paula. Die hat ihr Döschen immer mit und die Reinigungsflüssigkeit und das alles. Du weißt doch, dass das für mich viel zu kompliziert wäre."

‚Ja, das stimmt', dachte Claudia.

„Du willst es immer einfach haben. So ist das Leben aber nun einmal nicht. Ich habe meiner Mutter auch schon beim Suchen ihrer Kontaktlinsen geholfen."

Sofie lachte sie zufrieden an.

Sofie nimmt ihr Textbuch heraus und schlägt es auf. Die Leseprobe beginnt. Isabel erklärt, dass Inez in der Küche Tee zubereitet und Gaston beim Tisch sitzt. Sie unterhalten sich und dann kommt Gigi bei der Tür herein. Mit einer Geste zeigt sie Klara, die den ersten Akt im Wohnzimmer eröffnen wird, dass sie beginnen soll.

Am Nachmittag verlässt Isabel zufrieden den Probenraum.

„Ist die immer so?", fragt Gabi, eine der Nebendarstellerinnen, Lotte.

„Das ist nicht so schlimm, wie es sich anhört. Du wirst sehen, dass Isabel ganz nett ist", antwortet sie.

„Davon bin ich überzeugt", sagt Gabi kühl und sie gehen gemeinsam die Stiegen hinunter. Sofie schmunzelt, als sie ihnen nachsieht. Sie ist überzeugt davon, dass Isabel es mit auch ihr nicht leicht haben wird.

„Der Text bezüglich ihres Aussehens passt ja überhaupt nicht", sagt Dagmar zu Isabel auf dem Gang.

„Sie hat eine ganz normale Nase. Im Text heißt es: Du hast eine zu große Nase. Willst du dem hübschen Mädchen eine Maske verpassen?“

„Auf gar keinen Fall“, antwortet Isabel.

„Es kann ja wohl auch nicht heißen: Du hast zu wenig Busen“, macht sich Dagmar trotz der Sorge um den Dialog lustig.

„Zu wenig hat sie nun ja auch nicht“, sagt Isabel.

„Und zum Glück ist es keine moderne Inszenierung, wo Gigi nackt auftreten müsste. Das würden alle Beteiligten nicht wollen. Für mich war das nie eine Option für Gigi.“

„Für Sofie wohl auch nicht, wenn ich sie mir so ansehe. Das würde noch fehlen“, sagt Dagmar.

„Wir sehen uns das mit dem Text noch bei den Proben an.“

Dagmar seufzt und geht in ihr Büro. Isabel schaut ihr mit ernster Miene nach. Was sie wohl gegen die junge Kollegin hat? Sie wird doch nicht eifersüchtig sein. Obwohl, unter den Künstlerinnen ist es bekannt, dass Dagmar eigentlich Schauspielerin werden wollte. Isabel will nicht länger über die Kollegin nachdenken und geht den Gang zu den Garderoben weiter. Dort kommt sie bei dem großen Spiegel vorbei und bleibt stehen. ‚Meint Dagmar, Sofie sei mit zu wenig Dekolleté begnadet?’ Sie dreht sich nach rechts, dann nach links und begutachtet dabei ihre eigene Figur. ‚Hm. Es hat sich noch keiner beklagt. ’Zufrieden geht sie weiter.

Ein Anruf auf dem Heimweg

An der Busstation nahe dem Theater, warten eine Schülerin und eine ältere Dame. Sofie kommt langsam näher. Sie will die Wartezeit nutzen, um Markus anzurufen. Ja, sie kann es kaum erwarten, ihn zu hören: „Hallo Markus!“

„Sofie mein Schatz“, hört sie Markus am anderen Ende.
Sofie lächelt. Sie freut sich Markus endlich zu hören.
„Wie war es im Theater?“
„Wir hatten die erste Textprobe.“
„Wie ist es dir dabei ergangen“, will Markus wissen.
„Och ja, ganz gut“, sagt sie und erwartet gespannt seine nächsten Worte.
„Das klingt nicht sehr überzeugt.“
„Na ja, wir müssen uns erst kennen lernen und einspielen. Das wird schon. Sehen wir uns dann?“, fragt sie erwartungsvoll.
Markus erkennt die Angst in ihrer Stimme. Wie könnte er es ablehnen, seine Liebste heute noch zu sehen?
„Ja, wann bist du denn hier?“
„Ich hoffe ich erwische den Anschlussbus um sechzehn Uhr fünfundvierzig, der nur eine Stunde Fahrzeit hat. Der nachfolgende Bus fährt zwanzig Minuten länger. Dann würde ich statt um siebzehn Uhr fünfundvierzig, um achtzehn Uhr fünfzehn ankommen.
„Ich hole dich dann am Busbahnhof ab. Bis dann also.“
„Tschüss“, antwortet Sofie.
Sie wird nachdenklich. Hat nicht sie Markus angerufen und jetzt hat er das Gespräch abrupt abgebrochen? Bevor sie weiter nachdenken kann, muss sie in den Bus einsteigen.

Sofie läuft zum Regionalbus hinüber. Sie hat es geschafft den schnelleren Bus zu erreichen. Erleichtert lässt sie sich auf einen Sitz fallen und der Bus setzt sich in Bewegung. Sie versucht es sich bequem zu machen und schließt die Augen. Plötzlich schlägt sie die Augen auf. Was ist, wenn Markus sich gar nicht mehr so stark für sie interessiert? Hat er schon eine andere? Das ist ihr schon einmal passiert. Doch daran will sie, seit sie mit Markus zusammen ist, nicht denken. Nein diese Gedanken will sie nicht zulassen. Wieso sollte er auch? Er weiß, dass sie ihn über alles liebt und sie lassen keine Gelegenheit aus, Zärtlichkeiten auszutauschen.

Ein dunkelblonder junger Mann erwartet sie bereits. Schnell steigt Sofie aus dem Bus und läuft zu Markus, der ihr entgegen eilt. Sie sieht nicht die Leute auf dem Platz und auch nicht die Frau, die ihr von weitem winkt. Sofie fällt in Markus ausgebreitete Arme und sie versinken in einem nicht enden wollenden Begrüßungskuss. Fort sind sie, die besorgten Gedanken von vorhin.

‚Oh,' denkt sich Paula, als sie die beiden Verliebten beobachtet. ‚Da will ich jetzt lieber nicht stören.' Sie nimmt ihre Tasche in die andere Hand und geht weiter.

Langsam lösen sie sich aus ihre Umarmung und Sofie hängt sich bei Markus ein. Gemeinsam gehen sie in Richtung Kirchenplatz.

„Super, dass du den Bus noch erwischt hast", sagt Markus, glücklich darüber, dass er nicht noch eine halbe Stunde warten musste.

Darüber ist auch Sofie sehr froh. „Ja, jetzt können wir noch etwas unternehmen. Aber du weißt, es darf heute nicht zu spät werden. Ich muss für die Probe morgen fit sein."

Markus bleibt stehen und gibt ihr einen Kuss.

„Ich dachte, wir gehen zu mir", sagt er kurz aber bestimmt.

Sofie erwidert seinen Kuss. Dann hängt sie sich wieder bei ihm ein und sie gehen weiter.

Sofie kommt zur ersten Probe

Der Linienbus fährt über die Kreuzung und in die Station ein. Ein Bub läuft mit seiner Schultasche noch bei rotem Ampellicht über die Straße.

‚Wie Julian, doch der hätte wenigstens geschaut, ob ein Fahrzeug kommt', denkt Sofie und steigt aus dem Bus. Mit eiligen Schritten geht sie auf das Tor des Bühneneinganges zu. Peter, der Portier will es gerade schließen.

„Sofie", begrüßt er sie. „Guten Morgen."

„Morgen Peter", sagt sie im Weitergehen mit einer lässigen Kopfdrehung. Sie weiß, dass sie möglicherweise schon zu spät kommt. Isabel wird die Probe pünktlich beginnen wollen und die Hauptdarstellerin kommt gleich bei der ersten szenischen Probe zu spät.

‚Was soll's', denkt sich Sofie. ‚Ist ja nichts Ungewöhnliches. Daran werden sich die Kollegen schon noch gewöhnen.'

Sie eilt die Stiege zu den Garderoben hinauf. Zum ersten Mal sieht sie das Schild mit ihrem Namen darauf: „Sofie Opsjena" und sie lässt sich kurz davon aufhalten.

„Sofie, bitte auf die Bühne", hört sie den Inspizienten aus dem Lautsprecher.

Schnell öffnet sie die Tür, stellt ihre Tasche rasch auf den Schminktisch, schlüpft aus der Jacke, wirft sie schlampig auf einen Sessel und läuft hinunter Die Tür lässt sie in der Eile offen stehen.

„Guten Morgen", sagt sie mit bemüht ruhiger Stimme, als sie die Bühne betritt.

„Guten Morgen Sofie", wird sie von Isabel begrüßt.

Margit die Regieassistentin wirft Sofie einen ernsten Blick zu.

„Grüß Dich", sagt Karl der Inspizient.

Hubert schaut sie nur bewundernd an.

„Würdest du bitte das Kleid anziehen?“

Mit einer leichten Drehung des Kopfes schaut Sofie verwundert zu Isabel.

„Wir haben das doch so besprochen. Ich will die Szenen mit Kleidern, die dem Original ähnlich sind proben.“

‚Haben wir das wirklich’, fragt sich Sofie und Karls Blick erklärt: ‚Sie braucht das für ihr Gesamtbild.’

„Ja gut.“ Sofie will gehen.

„In der Pause! Jetzt wollen wir endlich etwas tun.“ Isabels Ton ist strenger geworden und ebenso sieht sie Sofie an, die erwartungsvoll und gleichzeitig traurig dreinschaut. Isabel bemerkt, dass sie zu weit gegangen ist und ist mit sich selbst unzufrieden. Wegen dieser Nichtigkeit hat sie die junge Kollegin so gedemütigt.

Auf der Bühne ist das Wohnzimmer von Madame Alvarez, der Großmutter, aufgebaut. Die Wände bestehen großteils noch aus mit Jute bespannten Lattenrahmen. Sofa, Tisch und Stühle, sowie die Anrichte sind schon Originaldekoration. Die Doppelflügeltüren zu Gigis Zimmer mit weißen Lamellen und drei Stufen davor sind auch bereits fertig.

Klara und Hubert beginnen beim Tisch sitzend mit dem Spielen der Szene. Sie schenkt ihm Tee ein, während er sich auf seinen Spazierstock stützt und dankend mit dem Kopf nickt.

„Ich soll dir liebe Grüße von meinem Onkel ausrichten.“

„Vielen herzlichen Dank“, antwortet sie.

Es klopft an der Tür. Kurz darauf betritt Gigi mit ihrem Schulranzen den Raum. Sie will auf ihre Großmutter zulaufen doch als sie Gaston bemerkt bleibt sie stehen und sieht ihn mit großen Augen an.

„Nicht anklopfen Sofie“, unterbricht Isabel. „Das wird ihr erst später beigebracht. Das ist die Wohnungstür! Du kommst unbekümmert nach Hause. Deine Großmutter weiß, dass du jeden Augenblick bei der Tür herein stürzen wirst."

Sofie fällt aus der Rolle. Muss Isabel sie hier unterbrechen. Sie hat sich so auf den Ausdruck, ihren Blick zu Hubert konzentriert. Ob Isabel das überhaupt gesehen hat?

Isabel bemerkt was sie angerichtet hat, denn Tränen füllen die erschrockenen Augen des Mädchens.

„Sofie, entschuldige, dass hätte ich dir auch nachher sagen können. Das hast du ganz toll gemacht", lobt sie das Mädchen schnell, bevor jemand ihren eigenen Tränen bemerken kann.

„Geht schon wieder", antwortet Sofie gefasst, aber mit einem beleidigten Schatten in ihrer Stimme.

Isabel beißt sich innerlich auf die Lippen, sie hätte diese Kleinigkeit wirklich später erwähnen können. Sie weiß wie sensibel Sofie sein kann, auch wenn sie es nach außen nicht zeigen will.

‚So sensibel bin ich sonst gar nicht', denkt sich Sofie. Keiner ihrer Freunde würde das von ihr annehmen. Sie ist freundlich und aufgeschlossen und wenn es sein muss auch frech. Das hat ihr Lisa erst vorige Woche gesagt. Vielleicht macht sie die Arbeit mit Isabel so sensibel.

‚Das Lob von Isabel ist gerade noch rechtzeitig gekommen, bevor wir deine Tränen hätten sehen können Sofie', denkt Margit mitfühlend. Bei der Arbeit ist Isabel wirklich viel zu streng.

„Können wir weitermachen?", fordert Isabel die Kollegen auf.

Klara hält die Teetasse von sich gestreckt und Franz, der Requisiteur, erkennt die Aufforderung. Anscheinend ist sie nicht selbst in der Lage die Tasse zu leeren. Dass jetzt das Wasser aus der Tasse nicht getrunken wird und wieder in die Kanne zurückgeleert werden kann, interessiert sie nicht.

Sofie geht auf Auftrittsposition. Hubert hat Klara sogleich wieder dankend zugenickt und Sofie spielt diesmal, ohne anzuklopfen. Mit ihren großen Augen blickt sie auf Gaston. „Oh."

„Grüß dich, Gigi."

„Großmutter, kann ich eine heiße Schokolade bekommen?"

„Begrüße zuerst unseren Gast. Gaston war so nett mich zu besuchen."

„Guten Tag Gaston", sagt Gigi artig.

Inez geht in die Kochnische um die heiße Schokolade zuzubereiten.

„Gigi, ziehe dich gleich um, damit du pünktlich zu Tante Alicia kommst."

Klara hantiert auf dem Küchentisch mit den Requisiten und Sofie geht die Stufen zu den Flügeltüren hinauf. Sie will die Türen öffnen.

„Das klemmt", sagt sie und es hört sich an, als gehöre es zum Stück.

„Was ist das nun schon wieder?" Isabel wird ungeduldig.

Karl geht sofort zu den Türen, um nachzusehen, warum sie sich die nicht öffnen lassen. Er kann sie schließlich öffnen und lehnt sie an.

„So wird es jetzt gehen, wir schauen uns das später an." Zufrieden geht er auf seinen Inspizientenplatz zurück.

Sofie wiederholt die Begrüßung von Gaston und geht dann aufs Zimmer. Isabel beobachtet sie genau und achtet auf jeden einzelnen ihrer Schritte. Sie spürt ihr Unbehagen.

Die beiden Frauen ähneln sich in Charakter, Denken und Fühlen.

‚Sind wir eins? Ist es wirklich möglich, dass wir eins sind?', fragt sich Isabel.

Das Kleid für die Probe hat ein pastellfarbenes Blumenmuster und einen gelben Gürtel. Die kleinen roten Blumen wirken etwas verloren. Sofie betrachtet sich im Spiegel, während ihr die Garderobiere das Kleid schließt. Ein kurzes schnelles „Danke“, und sie eilt hinaus. ‚Schließlich ist Pause.’

In der Kantine trinkt Sofie eine Orangensaft. Neugierig betrachtet sie die alten Programmplakate, die als Dekoration an der Wand hängen.

„Die Pause ist zu Ende“, hört sie Karl durch den Lautsprecher.

Sie trinkt aus, stellt das Glas auf die Theke und geht ins Bühnenhaus zurück.

Nach der Probe winkt Sofie dem Portier zu, während sie mit raschen Schritten das Theater verlässt.

„Servus“, ruft er ihr eilig nach.

Die meisten Schauspielerinnen sind freundlich, aber Sofie ist etwas Besonderes. Ihr Gruß ist so herzlich und man möchte meinen, sie widmet sich einem ganz persönlich.

„Tschüss Peter“, reißt ihn Isabel aus den Gedanken.

Die hübsche Regisseurin steht ihrer Hauptdarstellerin um nichts nach. ‚Wie Schwestern’, denkt er, ‚ähneln sie sich’.

Nach der ersten Probe

Eine Brise Frühsommerluft streift Sofie über die Wangen, als sie das Theater verlässt. ‚Geschafft’, denkt sie. Die erste szenische Probe hat sie hinter sich gebracht. Sie ist mit sich zufrieden, auch wenn Isabel sofort etwas an ihr aussetzen musste. Jetzt heißt es den Autobus erwischen um den Anschluss rechtzeitig zu erreichen. Sie will sich heute noch mit Claudia treffen. Vielleicht kommen auch andere Freunde. Claudia ist so stolz auf ihre Freundin, dass Sofie versprechen musste, sofort von der ersten Probe zu erzählen.

Der Autobus kommt pünktlich am Platz vor der großen Kirche an. Um diese Tageszeit ein Hotspot für die heimkommenden Pendler der Stadt. Das Menschengewirr kommt um diese Uhrzeit dem einer Großstadt gleich. Gut, dass Claudia im Lokal an der Ecke wartet. Hier würde Sofie vermutlich ewig nach ihr suchen.

„Hey“, ruft Claudia ihr entgegen und winkt als Sofie bei der Tür hereinkommt. Die Freundin hat kurze blonde Haare, sitzt an einem Tisch beim Fenster und hat sich bereits ein Glas Orangensaft bestellt. Lächelnd geht Sofie auf sie zu.

„Cool, deine neue Frisur.“

„Danke. Komm, setzt dich. Erzähl′, ich bin schon so neugierig“, strahlt Claudia sie an.

Sofie winkt der Kellnerin. „War ganz schön anstrengend, für den ersten Tag.“

„Und die Kollegen, sind die nett?“

Die Kellnerin nähert sich dem Tisch: „Was darf es sein?“

Sofie hätte beinahe eine heiße Schokolade verlangt, aber dafür ist es zu warm.

„Einen Orangensaft, mit Eis bitte.“

„Gerne“, sagt die Kellnerin und geht wieder. Sofie wendet sich Claudia zu.

„Hm, ja ganz nett, aber da kann ich noch nicht viel sagen.“

Eigentlich denkt sie, dass es mit den Männern leichter sein wird als mit den Frauen.

„Ich kann mir vorstellen, dass die Kolleginnen eifersüchtig werden, bei so einer attraktiven Kollegin.“

Sofie lächelt und freut sich über Claudias Kompliment.

Während die Kellnerin den Orangensaft serviert, kommen Stefan und Markus zur Tür herein.

„Hallo ihr beiden“, sagt Stefan und setzt sich zu Claudia. Dabei wirft er seine dunkelblonden, zu einen Schweif gebundenen Haare zurück. Markus setzt sich zu Sofie und sie geben einander einen flüchtigen Kuss. Sofie greift nach seine Hand und sofort folgt ein Zungenkuss. Claudia beobachtet sie. Sie ist froh, dass Sofie wieder einen Freund hat und schaut etwas verlegen zu Stefan. Seine Gedanken erahnt sie nicht, obwohl sie in seinem Blick zu sehen wären. Zu sehr ist sie mit ihren eigenen Gedanken beschäftigt.

Die jungen Männer bestellen sich Bier.

„Komme ich zu spät?“, ruft Lisa, die mit schnellen Schritten zum Tisch eilt. Ihre schulterlangen rötlichen Locken streifen Stefan übers Gesicht, als sie sich eilig an die Ecke setzt. „Für mich ein Cola!“, ruft sie schnell, bevor die Kellnerin hinter der Theke verschwindet.

„Erzähle“, sagt Stefan zu Sofie.

„So viel gibt es ja noch nicht zu erzählen.“

„Wir sind schon so neugierig“, sagt jetzt Markus.

„Das war die erste Probe und nicht die Premiere.“ Sofie freut sich über das Interesse der Freunde. Dass Philipp noch nicht gekommen ist, stimmt sie seltsamerweise etwas traurig.

„Was spielst du?“, fragt Lisa kribbelig.

„Es ist eine ulkige Rolle. Das Stück handelt von einem Schulmädchen, das wild und ungestüm ist und gute Manieren lernen soll.“

„Das passt ja super zu dir“, ätzt Markus.

Sofie dreht sich beleidigt von ihm weg. Stefan und Lisa lachen.

„Ist doch nur Spass“, sagt Markus erschrocken, er wollte sie doch nicht beleidigen.

Claudia schaut ernst. Warum sagt Markus so etwas? Sie weiß, dass Sofie das ernst nimmt aber auch, dass etwas Wahres daran ist und muss schmunzeln.

„Und worum geht´s?“, fragt Stefan.

„Das Schulmädchen, also ich als Gigi, woht mit seiner Mutter gemeinsam in der Wohnung der Großmutter. Die Mutter kommt aber gar nicht vor, nur die Großmutter. Regelmäßig gehe ich nach der Schule und dem Mittagessen zu meiner Großtante Alicia. Sie unterrichtet mich im ‚Guten Benehmen'. Ich soll eine Dame werden. Aber eigentlich erzieht sie mich zu einer Mätresse.“

„Was?“, ruft Claudia.

„Ist ja ein tolles Stück“, meint Stefan.

„Es ist eine Komödie“, sagt Sofie ernst.

„Erzähl´ doch weiter“, sagt Lisa neugierig.

„Es gibt Gaston und seinen reichen Onkel Honoré. Beide sind Freunde der Familie, daher kennen sich Gigi und Gaston gut. Er will sich Gigi als Mätresse nehmen.“

„Cool“, sagt Markus.

Sofie schaut ihren Freund indigniert an. „Sie will das nicht. Sie liebt Gaston wirklich und möchte, dass er sie heiratet. Das kommt für die feinen Herren dieser Zeit aber nicht in Frage. Sie wechseln lieber ihre Mätressen, wenn sie von ihnen genug haben oder eine Neue auf der Bildfläche erscheint.“

„Typisch“, sagt Claudia.

„Nicht schlecht“, wirft Stefan ein.

„Zu welcher Zeit spielt die Geschichte?“, fragt Lisa.

„Es spielt in Paris um Neunzehnhundert.“

„Und wie geht die Geschichte aus?“, fragt Markus.

„Gigi entschließt sich schließlich doch mit ihm zu gehen. Nach einem Ball, verstößt er sie. Bald wird ihm klar, dass er ohne sie nicht leben kann und bittet sie um ihre Hand.“

Mit leicht zusammengekniffenen Augen wartet sie triumphierend auf die Reaktion der Männer.

„Ein Stück für Frauen", sagt Stefan.

„Und für Männer, da können sie lernen, wie man sich Damen gegenüber benimmt", sagt Sofie stolz.

„Ach ja, fast hätte ich es vergessen", sagt Stefan.

„Philipp kann nicht kommen, er muss länger arbeiten. Er wollte nicht nein sagen, weil er doch das Geld braucht."

Wenigstens ein Lebenszeichen von ihm, entschuldigt Sofie seine Abwesenheit. Eigenartig, dass ihr seine Anwesenheit heute so wichtig wäre. Nachdenklich schaut sie in die Runde. Es ist wirklich schön wie sich die Freunde mit ihr über das neue Engagement freuen, wie gerne sie mit ihr zusammen sind und wie sehr sie für einander fühlen. Ihr Blick fällt auf Claudia die gerade über einen Witz von Stefan lacht. Ihre Blicke treffen sich und bestätigen die innige Freundschaft der beiden Frauen.

3. Kapitel

Bei Sofie zuhause

Sofies Zimmer ist modern eingerichtet und groß genug, damit ihre Freunde ab und zu bei ihr übernachten können. Die hellrote Ledercouch und das moderne Bild mit ebenso roten Pinselstrichen, wirken aufregend aber stimmig. An den Wänden hängt sonst nicht viel, nur ein Bild von Sofies Vater mit seinem Pferd: Stolz hält sein Besitzer die Zügel. Die Glaskugeln über dem kleinen Tischchen wirken etwas verloren. An der Wand gegenüber steht eine Anrichte. Darauf stehen einige Fotografien von jungen Menschen und ein Klassenfoto. Daneben geht es ins Badezimmer. Die weißen Seitenvorhänge haben eine rote Musterung, die mit dem Bild über der Couch abgestimmt ist. Das Bett ist unordentlich gemacht, als ob sie es schnell zugeworfen hätte weil jemand hereingekommen ist. Gegenüber vom Badezimmer führt eine Tür in den Schrankraum. Die Wäsche hängt übersichtlich auf mehreren Stangen. Allzu Vieles gibt es hier nicht. Sofie trägt gerne moderne Sachen und gibt immer wieder einiges ihren Freundinnen weiter. Oft hat sie auch noch gute Kleidungsstücke weggeworfen.

„Du kannst sie doch in die Altkleidersammlung geben", hat Lisa einmal gesagt, als sie ihr dabei zusah.

„Was ich getragen habe, bin ich und wenn überhaupt gebe ich es nur an Claudia oder an dich weiter."

„Deine Sachen gefallen uns doch auch", versuchte die Freundin sie zu beruhigen.

Vor dem Bett liegt ein heller Teppichläufer als schöner Kontrast auf dem dunklen Holzboden. In der Ecke befindet sich ein Sitzball auf dem sie beim Textlernen den Rücken ihrer athletischen Figur gerade hält. Sofie hält sich meistens nur in ihrem Zimmer auf, das einzige was sie von der Villa ihres Vaters wirklich bewohnt. Zu vieles im Haus erinnert sie an die schöne Zeit mit ihrem Vater und Konztanze ist überall. Den stiefmütterlichen Ratschlägen kann sie leichter entfliehen, wenn sie sich in ihr Zimmer zurückzieht. Seit ihr Vater gestorben ist, vermeidet sie es unnötig Zeit mit Konztanze zu verbringen. Zuwenig bis gar nichts hat sie für Sofies Schauspielerleben übrig. Sollte sie jemals von einer Vorstellung, gar einer Premiere erzählen, würde Konztanze das nur als Schickimickigetue interpretieren. Sofie will keine Diskussionen und seit ihre Mutter ihren Vater und die Kinder verlassen hat, findet sie die Ansichten und Meinungen älterer Menschen für ihr Leben sowieso genauso notwendig, wie eine Handbremse auf der Hochschaubahn.

Ausgenommen davon ist ausschließlich Isabel. Irgendwie fühlt Sofie sich mit ihr vertraut. Von ihr lässt sie sich vielleicht einen Rat geben, mehr aber auch nicht. Es ist für sie nicht leicht Regieanweisungen umzusetzen, wenn diese so gar nicht ihrer Natur entsprechen. Aber auch auf ihre gutgemeinten allgemeinen Ratschläge könnte sie gut verzichten.

„Bleib wenigstens am Sonntag nicht so lange weg. Du weißt, die Proben fangen pünktlich an und du bist am Morgen immer so desorientiert."

„Unkonzentriert", hat Sofie sie ausgebessert und gleich im Text weiter gesprochen.

Gut, dass Isabel nicht weiß, dass sie trotzdem oft bei Lisa oder Claudia übernachtet. Vor allem wenn dort am Samstag eine Party stattfindet, die am Sonntag nur vom Pizzamann am frühen Nachmittag unterbrochen wird.

Sofie kommt erschöpft ins Zimmer, wirft ihre Jacke und die Tasche auf die Couch und geht ins Bad. Das T-Shirt gibt sie in den Wäschekorb und die Shorts landen mit geübtem Wurf bei den Sachen auf der Couch. Sie nimmt das Band vom Kopf und ihr langes dunkles Haar fällt über ihre Schultern.

„Sofie!“, hört sie noch als sie das Wasser aufdreht.

„Bist du da?“, fragt Konztanze hartnäckig, obwohl sie das Wasser rinnen hört. Schließlich verlässt sie das Zimmer mit einem verächtlichen Blick auf die Sachen, die unordentlich auf der Couch liegen.

‚Das hätte noch gefehlt‘, denkt Sofie als der Slip im Wäschekorb landet und sie in die Dusche steigt.

Sofie kommt im Bademantel und mit einem zum Turban gebundenen Handtuch auf dem Kopf in die Küche.

„Hallo“, sagt sie zu Konstanze, die sich gerade Kaffee einschenkt.

Konstanze wirft ihr einen unmissverständlich Blick zu. Dass sie am Nachmittag so im Haus herumlaufen kann, ist ihr unverständlich. Man stelle sich vor, es käme überraschend jemand zu Besuch. Und wie unordentlich ihr Zimmer ist.

„Grüß´ dich, Sofie. Du bist heute aber zeitig zu Hause. Gehst du heute noch einmal weg?“

‚Will sie mich aus dem Haus haben?‘ Sofie lässt sie auf die Antwort warten, nimmt eine Tasse, gibt einen Teebeutel hinein und lässt heißes Wasser aus der Kaffeemaschine in die Tasse rinnen: „Ich weiß es noch nicht. Vielleicht lerne ich meinen Text weiter.“

„Ach ja“, lästert Konstanze. Ihr Unverständnis für die junge Künstlerin und ihre Lebensweise muss sie nicht beschönigen.

„Dein Zimmer könntest du auch etwas in Ordnung bringen.“

Sofie erinnert sich, dass sie Konstanze oben gehört hat, jetzt will sie ihr einmal die Stirn bieten: „Du bist in meinem Zimmer gewesen? Während ich nicht da war? Wie kommst du dazu?“

„Ich schaue nur nach dem Rechten. Du könntest ja vergessen haben, das Wasser abzudrehen. Vorhin, als ich gehört habe, dass du gekommen bist, wollte ich dich fragen, ob wir gemeinsam zu Abend essen.“

„Ich esse heute lieber nichts mehr. Wie kommst du darauf, dass ich am Abend groß esse?“

„Ich habe es nur gut gemeint.“

Sofie glaubt nicht, dass sie ihr deshalb ins Zimmer gefolgt ist. „Hast du etwas auf dem Herzen?“, fragt sie und schaut Konstanze mit einem bestimmenden Blick an.

„Meine Nichte will mich besuchen. Sie wird ein paar Tage bei uns wohnen. Ich habe überlegt wo ich sie unterbringen kann.“

„Das Gästezimmer wird ihr doch groß genug sein“, sagt Sofie mit einem Ton der zeigen soll, dass die Sache für sie erledigt ist.

„Eigentlich habe ich an Florians Zimmer gedacht.“

„Wenn es Florian recht ist“, fügt Sofie gleichgültig an.

„Da müssten nur einige Sachen in deinem Zimmer untergebracht werden.“

„Und was zu Beispiel?“

„Der Hometrainer und Florians Hanteln. Greta kann diese typischen Sportgeräte nicht ausstehen.“

„Kann sie denn überhaupt in einem Herrenzimmer schlafen?“, fragt Sofie spöttisch.

„Ihr könntet ja die Zimmer tauschen.“

Sofies Blick zeigt Konstanze, dass die junge Frau im Hause ihres Vaters, das sie zum Teil geerbt hat, machen kann was sie will und keinesfalls ihr Zimmer räumen muss.

„Na ja, ich kann die Sachen auch ins Gästezimmer geben“, sagt Konstanze abschließend und geht ins Wohnzimmer hinüber.

Sofie und Hubert im Kaffeehaus

Hubert sitzt am Fensterplatz des Kaffeehauses und beobachtet durch die klar geputzten Scheiben das Treiben auf der Straße. Eine junge Frau schiebt ihr Kind im Kinderwagen die Straße hinauf. Der Mann vom Kiosk grüßt sie höflich und sie dankt ihm mit einem Lächeln. ‚Hoffentlich kommt sie bald’, denkt Hubert mit einem Blick auf seine Armbanduhr und nimmt einen Schluck von seinem Kaffee. Da gerade Szenen mit Klara und Friedrich geprobt werden, wollen Sofie und Hubert die Zeit zum gemeinsamen Textlernen nutzen. Sofie betritt gelassen das Lokal. Mit langsamen Schritten - heute ist sie noch nicht zu spät - kommt sie näher und schaut Hubert freundlich an. ‚Hast du gedacht ich komme zu spät?’, denkt sie und ihr Lächeln wirkt etwas schadenfroh.

„Hallo“, sagt sie schließlich und setzt sich ihm gegenüber.

„Grüß dich. Da kommt deine heiße Schokolade.“ Er ist froh, dass sie heute pünktlich ist.

Das Servierfräulein stellt das Tablett mit der Schokolade auf den Tisch: „Bitte sehr.“

„Mhhh.“ Sofie hält ihre Nase an die Tasse. Vermutlich hat Hubert gehört, wie Sofie bei den Proben erwähnt hat, dass sie gerne heiße Schokolade trinkt.

„He Gigi“, sagt Hubert plötzlich etwas besser gelaunt. „Du spielst ja schon. Jetzt muss nur noch der Text passen.“ Er weiß bereits, dass das für sie kein Problem sein wird.

Sie nimmt ihr Textbuch aus der Tasche, legt es auf den Tisch und kramt nach ihrem Brillenetui. Aus der Mappe stehen unzählige verschiedenfärbige Zettel heraus. Mit geübtem Blick durchsucht sie die Markierungen und schlägt die Mappe schließlich an der richtigen Stelle auf. Dann setzt sie ihre Brille auf, rührt die Schokolade noch schnell um und nimmt einen kräftigen Schluck davon.

‚Nehmt euch Requisiten zum Textlernen, dann habt ihr mehr Anhaltspunkte', hat ihnen Isabel gesagt. Dass Hubert sich gerade das gemerkt hat? Sofie schaut ihn an. Hubert bemerkt es nicht, auch er blättert in seinem Textbuch.

„Du wirst in meinem Haus wohnen, mich zu Empfängen und Festen begleiten. Du bekommst von mir Kost und Logis, wie es so schön heißt. Kleider, Friseur, Maniküre, alles was du begehrst."

„Was eine Frau schön - nein was sie ausmacht", spricht Sofie ihren Text.

„Dafür fehlt es dir an nichts."

„Und ich muss das Bett mit dir teilen, wann immer du es wünschst."

Hubert wirft ihr den erstaunten Blick etwas verlegen zu. „Dass sie so etwas sagen kann", am Nebentisch schaut eine der beiden Frauen kopfschüttelnd zu ihnen herüber. Sofie bemüht sich nicht zu lachen und stützt sich mit den Ellenbögen auf ihr Textbuch. Ihr Blick gilt Hubert.

„Aber Gigi, wie kannst du mir so etwas sagen? Du musst nichts tun was du nicht willst. Und ich, ich liebe dich und du... - Du vergisst, dass ich dich liebe."

Die andere der beiden Frauen muss jetzt lachen. „Aber Ingrid, hast du denn nicht gehört? Er hat ‚Gigi' zu ihr gesagt. Sie sprechen nur einen Text."

Ingrid seufzt enttäuscht: „Jetzt habe ich fast gedacht, sie werden sich bald einig."

Hubert unterbricht, die beiden Frauen haben ihm zu laut gesprochen.

Sofie lehnt sich zurück: „Ging ja schon ganz gut."
„Du bist wirklich gut", sagt Hubert.
„Ja mir macht die Rolle wirklich Spaß und diese Szene liegt mir besonders."
Dass sie hier ganz ungezwungen ist, weil Isabel nicht dabei ist, verschweigt sie lieber.
Hubert lächelt sie an. ‚Ja wenn Isabel nicht dabei ist, bist du viel lockerer'. Aber um ihr das nicht sagen zu müssen sagt er schnell: „Das Publikum wird dich lieben."
Sie dankt ihm mit einem Lächeln für die lieben Worte.

Ein Wochenende mit Besuch

Durch die kleinen Fensterscheiben fallen die warmen Strahlen der Vormittagssonne auf die Treppe. Sofie kommt verschlafen aus ihrem Zimmer und geht langsam hinunter. Sie hätte die Nacht gerne mit Markus verbracht, doch an diesem Sonntag wollte sie sich so richtig ausschlafen. Der gestrige Abend hat es wieder einmal in sich gehabt. Markus fand die Musik wirklich gut und als leidenschaftliche Tänzerin hat sie nahezu keinen Tanz ausgelassen. Sie ist es gewöhnt, dass Markus zwischendurch auch eine Tanzpause braucht, dann angelt sie sich schnell Philipp oder Stefan.

„Wie schaust du denn aus?", fragt Paula, als Sofie die Küche betritt.
„Guten Morgen", antwortet Sofie.
„Es ist schon bald Mittag, Konstanze holt ihre Nichte vom Bahnhof ab. Sie werden bald da sein."
‚Auch das noch', denkt Sofie. Sie überlegt was sie sich für heute vorgenommen hat. Konstanze mal zwei, das kann sie nicht ertragen. Sie bereitet sich einen Tee zu und schaut in die Brotdose.

„Ich bin schon fertig. Wir werden in einer halben Stunde essen“, sagt Paula.

Irgendwie hört sich Paula heute wie Konstanze an. Sofie nimmt ihren Tee und geht in ihr Zimmer hinauf.

Als Sofie das Esszimmer betritt sitzen Konstanze, deren Nichte Greta und Julian beim Tisch. Paula schöpft Suppe aus der Schüssel und gibt sie Julian.

„Mahlzeit“, sagt Sofie und geht zu ihrem Platz.

„Sofie, das ist Greta meine Nichte“, stellt Konstanze das fremde Mädchen vor.

Scheinbar will sie sich neben ihrer Nichte nicht über Sofies Zuspätkommen beschweren.

Greta reicht Sofie die Hand.

„Hallo“, sagt Sofie während sie nach der Hand der Fremden greift.

„Hallo“, antwortet sie schüchtern.

Sofie setzt sich und betrachtet den blonden Zopf des Mädchens: ‚Ob sie in meinem Alter ist? Auf jeden Fall ist sie schüchtern. Ich werde ihr noch auf den Zahn fühlen. Vielleicht geht sie am Abend zum Tanzen mit, falls Konstanze es erlaubt.’

Nach dem Essen sitzen die Mädchen auf der Terrasse, während Konstanze den Kaffee zubereitet.

„Wie war die Fahrt?“, fragt Sofie.

„Ganz nett, ich liebe es mit der Bahn zu fahren.“

‚Einen Führerschein hat sie wohl nicht’, denkt Sofie.

„Ich fahre lieber mit dem Auto.“

„Ja ich auch. Ich genieße die Fahrt, wenn ich mit jemanden mitfahren kann. Mit meinem Freund zum Beispiel. Wir fahren oft ins Gebirge.“

‚Einen Freund hat sie also.’

„Wie geht es Markus, bist du noch mit ihm zusammen?“

Was, wer? Der Schlag hat gesessen.

„Entschuldige, Konstanze hat mir von ihm erzählt."

Sofie ist noch immer fassungslos. Wie kann Konstanze ihr von ihrem Freund erzählen. Und was weiß die denn überhaupt?

„Ja, er ist mein Freund."

Greta schaut sie freundlich an. Sofie lächelt zurück. „Ich habe mir gleich gedacht, dass es dir nicht recht sein wird, wenn Konstanze mir davon erzählt. Sie wollte einfach irgendetwas von dir erzählen."

Dass Greta es ihr gesagt hat, nimmt Sofie ihr nicht übel. Vielleicht wollte sie nur Konstanze bloß stellen. „Ja so etwas macht sie gerne", sagt Sofie. „Ich gehe heute mit meinen Freunden Tanzen. Willst du mitkommen? Ich denke nicht, dass du Konstanze um Erlaubnis fragen musst."

„Bestimmt nicht, ich komme gerne mit."

Sofie lächelt zufrieden. Greta ist gar nicht so übel, wie sie nach Konstanzes Erzählung gedacht hatte.

„Hast du etwas gegen Sportgeräte?", fragt sie neugierig.

Greta schaut sie fragend an. „Sportgeräte, daran habe ich eine vage Erinnerung. Mein Exfreund hatte solche Dinger. Es hat ewig gedauert bis er sie abgeholt hat."

„Darum wollte Konstanze Florians Geräte aus dem Zimmer räumen."

„Ja, manchmal ist sie wirklich rücksichtsvoll."

Beide lachen.

Mit der neuen Freundin zum Tanz

Die Fußgängerzone ist menschenleer, wie ausgestorben.

„So spät am Sonntagabend ist hier wirklich nichts mehr los", sagt Stefan.

„Wir sollten auch nach Hause gehen", sagt Claudia.

Lisa lächelt Markus an. Philipp bemerkt es und dreht sich zu Sofie. „Sie hat recht. Wir müssen alle morgen früh raus."

„Ja, ich besonders", antwortet Sofie. „Morgen wird es wieder schlimm werden." Doch da sie bis Mittag geschlafen hat, möchte sie noch nicht nach Hause gehen. „Aber es ist ein herrlicher milder Abend."

„Ja, ein schöner Abend. War richtig toll im Tanzlokal", sagt Greta begeistert.

Sofie setzt sich auf eine der Bänke. Philipp bemerkt, dass sie noch nicht ans Nachhausegehen denkt. ‚Doch wo sollen wir jetzt noch hingehen.'

„Die Bar unten an der Ecke hat heute auch schon zu", sagt Markus.

„Wir hätten uns etwas zu Trinken mitnehmen sollen", wirft Stefan ein.

Greta und Claudia setzen sich zu Sofie. Die anderen setzen sich auf die Bank daneben. Lisa muss gähnen.

„Da waren´s nur mehr sechs", sagt Stefan.

„Sehr witzig", sagt Lisa beleidigt.

„Wir könnten doch was spielen", schlägt Greta vor.

„Und was?", fragt Markus.

Greta nimmt ein Stück Kreide aus ihrer Tasche und beginnt ein Hüpfspiel auf das Straßenpflaster zu zeichnen.

‚Ich sollte wirklich nach Hause gehen', denkt sich Sofie. Die Kreide und das Spiel haben sie an ihr Textbuch erinnert. Die Proben werden morgen sicher anstrengend und Isabel merkt sofort, wenn sie nicht ausgeschlafen ist.

Greta beginnt zu hüpfen. Lisa macht es ihr nach.

„Und was sollen wir jetzt machen?", fragt Markus.

„Die Gewinnerin küssen", sagt Lisa.

„Da mache ich nicht mit", sagt Claudia ernst.

Sofie steht auf: „Ich gehe nach Hause. Kommst du mit Greta?"

„Ja."
Sofie gibt Markus einen Kuss.
„Schlaft gut", sagt Sofie zu den Anderen.
„Gute Nacht", sagt Claudia.
Die beiden Mädchen gehen die nächste Gasse hinauf.
„Gute Nacht", ruft ihnen Philipp nach.
Sofie dreht sich noch einmal um und winkt ihm.
„Philipp ist sehr nett", sagt Greta.
Sofie sagt nichts.
„Er gefällt dir", will Greta wissen.
„Wir waren zusammen."
„Ach so. Und Markus?"
„Das kam erst später, nachdem wir uns getrennt haben."
„Wohnt ihr nicht zusammen?", fragt Greta neugierig.
„Nein, das will ich noch nicht. Mir geht es zu Hause ganz gut und Markus wohnt bei seinen Eltern. Mit Philipp habe ich während meiner Ausbildung in seiner Stadtwohnung gewohnt. Wir waren lange zusammen."
„Und jetzt?"
„Was jetzt?"
„Ich meine was ist mit Markus und Lisa."
Sogar Greta hat es bemerkt, dass sich Lisa für Markus interessiert.
„Ich glaube nicht, dass Markus sich für Lisa interessiert."
Sie hängt sich bei Greta ein und sie gehen flotten Schrittes davon. Dass sie eben nur an Philipp gedacht hat, muss Greta nicht wissen.

4. Kapitel

Max und Jakob am Gartenzaun

Max nimmt den Rechen, den er zuvor an die Hausmauer gelehnt hatte und beginnt neben dem Zierbrunnen mit dem Zusammenrechen des bereits am Vortag geschnittenen Grases. Vom Nachbargrundstück ist das Geräusch einer elektrischen Heckenschere zu hören. Jakob kümmert sich liebevoller um seinen Garten als Max jemals daran denken würde. Er kann seinen Freund nicht sehen und die Lautstärke der Maschine verrät, dass er ziemlich weit hinten beschäftigt sein muss. Vor einiger Zeit, als die Sonne an einem Herbsttag schon sehr tief stand und ein Kind am Zebrastreifen die Straße überquerte als sich ein von der Sonne geblendeter Autofahrer näherte, hat Max es mit einem gewagten Sprung auf die Straße schnell weggehoben. Jakob stand damals gerade in der Tür seines Hauses: „Sie sind ja noch gut in Form." ‚Für ihr Alter', lies er höflicherweise weg.

Doch Max hatte es schon verstanden. Aber es imponierte ihm so, dass er dem Nachbarn bald darauf die Freundschaft und das Duwort anbot. Max schätzt aufgeschlossene Menschen noch dazu wenn sie ehrlich sind. Er kennt Jakob als freundlichen Nachbarn der hilfsbereit auch bei schweren Arbeiten zur Hand geht. Wie letzten Sommer, als der alte Kirschbaum umgeschnitten werden musste. Dieser Baum passte so gut in den Garten und Isabel nahm es Max nicht ab, das Haus nicht auch wegen dieses Baumes gekauft zu haben.

Als das Geräusch der Heckenschere verstummt, scheint Max das nicht weiter zu bemerken und plötzlich steht Jakob hinter ihm am Zaun.

„Hallo Max!"

Erschrocken dreht sich Max um. Der Nachbar steht mit seinen fünfundzwanzig Jahren mit einem Strohhut auf dem Kopf vor ihm.

‚Als würden sich hier zwei Pensionisten zum Nachmittagstratsch treffen', denkt Max. „Jakob, so fleißig an einem Samstagnachmittag? Habt ihr jungen Leute nicht Besseres zu tun?" Er meint nicht, dass das Benutzen von Gartengeräten am Samstagnachmittag in der Stadt verboten sei. Nein, er meint was er sagt, redet er sich ein.

„Erst später treffe ich ein paar Freunde beim Weinfest. Wie geht's denn so?", fragt er ehrlich.

„Danke der Nachfrage. Wenn das schon fertig wäre, könnte ich mich um das Essen kümmern", deutet er auf den Grashaufen. „Heute gibt es Zucchini, fein zubereitet wie Isabel sie so gerne mag."

‚Zu fett zubereitet', hat Isabel einmal heimlich zu Jakob gesagt, als er einmal mit einer Freundin bei ihnen eingeladen war. „Ja super! Die schmecken echt gut, wie du sie kochst", lobt Jakob eben wie ein Freund. Daran, dass Isabel heute vielleicht wieder zu spät oder erst in der Nacht nachhause kommen könnte, will Max nicht denken. Aber es könnte durchaus sein, dass auch sie mit ihren Freunden zum Weinfest geht. „Manchmal gelingen sie mir nicht so gut - etwas zuviel Fett. Isabel mag sie dann nicht so besonders." Jakob hält ein starres Lächeln. „Ich koche erst seit Isabel und ich geheiratet haben. Sie hat keine Zeit bei ihrer Arbeit und danach hat sie auch oft noch viel zu tun."

Jakob will nicht näher darauf eingehen. Er wird den Freund nicht nach der Treue seine jüngeren Frau fragen oder diese in Frage stellen. „Machs gut, ich räume noch die Heckenabfälle weg und schaue, dass ich mich fertig mache."

„Viel Spaß am Weinfest." ‚Guter Junge', denkt Max. ‚Aber er würde nie fragen ob ich mitkommen möchte. Das liegt wahrscheinlich daran, dass er weiß, dass ich selten zu so einer Veranstaltung gehe und immer da bin, wenn Isabel nach Hause kommt.'

„Komm doch mit zum Weinfest“, schlägt Jakob vor.

„Oh, ich komme gerne mit. Voriges Jahr konnte ich nicht hingehen. Aber ich will euch nicht stören. Nein, ich glaube nicht, dass es deiner Freundin recht sein wird.“

„Aber ja doch, wir treffen dort einige Bekannte von uns“, beruhigt Jakob seinen Freund.

„Na gut, ich mache mich auch zu recht. Bis dann.“ Er dreht sich um und geht ins Haus.

Jakob schaut ihm hinterher, nimmt seinen Hut vom Kopf und lässt ihn auf einem Finger drehen. ‚Auf geht's zum abendlichen Vergnügen', er verschwindet hinter dem Gebüsch.

Abschied von Greta

Sofie sitzt auf ihrem Bett. Das Textbuch liegt auf ihren gekreuzten Beinen und sie liest den Text ihrer Rolle. Jene Stelle wo sie vom Eispalast nach Hause kommen und über Gastons Exgeliebte sprechen. Der Text will nicht so recht in ihren Kopf. Sie schaut auf den Wecker neben ihrem Bett. Schon so spät, heute Nachmittag reist Greta ab. Dabei dachte sie, dass sie es an dem freien Samstag schaffen würde, die Stelle perfekt zu beherrschen. Rasch hüpft sie vom Bett und richtet ihren Slip, zieht die Jeansshorts an und richtet sich das Top. Sie geht ins Bad und bürstet ihr Haar. Ihre grünen Augen schmeicheln ihrer Schönheit und strahlen mit dem langen dunklen Haar um die Wette. Zufrieden legt sie die Bürste weg und geht auf den Flur. Während sie am Weg hinunter ist, kommt Greta aus Florians Zimmer. Sofie bleibt auf halber Treppe stehen, dreht sich um und schaut zu Greta hinauf.

„Hallo Greta“, sagt Sofie.

Paula die gerade durch die Diele geht, sieht Sofies Haare über ihr linke Schulter fallen und betrachtet stumm das schöne Mädchen.

„Schade, dass du schon abreisen musst.“

„Ja ich wäre gerne noch hier geblieben. Aber die Pflicht ruft.“

Die beiden Frauen gehen gemeinsam nach unten ins Esszimmer.

„Da seit ihr ja“, sagt Konstanze. „Ich dachte ich muss allein essen.“

„Ich habe großen Hunger“, sagt Greta und beide setzen sich zum Tisch.

„Heute gibt es Gemüsestrudel“, sagt Paula.

„Den magst du doch besonders“, sagt Konstanze und lächelt Greta zu.

‚Gott sei Dank liebt es Greta auch eher vegetarisch’, denkt Sofie.

Von dem knusprigen Schweinebraten vorigen Sonntag, hat sich Sofie höflich aber bestimmt ferngehalten.

Paula bringt den Gemüsestrudel und Konstanze stellt die Salatschüssel auf den Tisch.

„Ist Julian nicht da?“, fragt Greta.

„Der ist schon wieder mit Rudi unterwegs. Er isst bei Rudis Eltern“, sagt Konstanze.

„Ich könnte dich zum Bahnhof bringen“, sagt Sofie nachdem sie den ersten Bissen geschluckt hat.

„Oh ja, das würde mich freuen.“

„Soll ich dich nicht lieber fahren? Sofie, du hast doch sicher noch für dein Stück zu tun“, sagt Konstanze.

„Mein Stück? Es ist meine Rolle“, sagt Sofie mit kniffigen Blick. „Ich lebe mit ihr.“

„Du wirst wohl auf der Bühne nicht am Steuer sitzen“, stellt Konstanze fest.

Jetzt fehlt nur noch, dass sie Sofie das Benützen des Cabrios ihres Vaters verwehrt. Schließlich ist der Wagen auf Konstanze zugelassen, obwohl sie ein eigenes Auto hat.

„Wenn es Greta nichts ausmacht, bitte sehr. Du musst ja selber wissen, ob du dafür Zeit hast."

„Ja die habe ich."

Greta greift Sofie beruhigend auf den Arm. „Ich freue mich wenn du mich zum Bahnhof fährst."

Das Greta so nett ist hätte sich Sofie nie gedacht. Sie hat sie richtig lieb gewonnen, wie eine Schwester.

„Ich werde dich sehr vermissen", sagt Greta zu Sofie, während sie das Haus verlassen und zur Garage hinüber gehen.

„Ich dich aber auch", antwortet Sofie, „Sogar sehr."

Sie bleiben gleichzeitig stehen und umarmen sich.

„Es tut mir so leid, aber ich dachte du bist eine nervige Zicke. So wie Konstanze dich angekündigt hat."

„Na ja, ich habe mir auch so ein Bild von dir gemacht."

„Wie hat sie mich den beschrieben?", will Sofie wissen.

„Sie hat erzählt, dass du viel unterwegs bist, abends lange ausbleibst und ein Leben führst wie eine Künstlerin eben."

Sofie lächelt. „Das bin ich auch. Und sonst dürfte Konstanze diesmal auch recht haben."

Beide lachen und steigen ins Auto. Sofie startet den Motor und gibt Gas. Die Staubwolke vom Kies am Rand der Auffahrt gilt Konstanze zum Abschied. Das entgeht ihr nicht als sie die beiden vom Fenster aus davonbrausen sieht.

*****

Im Kaufhaus sucht sich Max gerade ein Hemd aus, als eine junge Frau die Rolltreppe abwärts fährt, sich umdreht und zu der Frau, die oben am Geländer steht, schaut. Während sie unten wartet, mustert Max die schöne Frau. Besonders das lange dunkle Haar und die roten Lippen geben ihr eine edle Note, stellt er fest. Schick findet er auch die Shorts, denn ihre Beine sind bezaubernd.

Unten treffen sich die Frauen.

„Schön, dass wir uns hier treffen", hört er.

„Hast du etwas Zeit, wir könnten zusammen essen?"

„Ja, kurz ich habe dann noch Unterricht."

„Ich kann dich mit dem Auto hinbringen", sagt die Frau mit dem langen Haar. „Da siehst du gleich mein neues Cabrio."

Schon sind sie durch die Drehtür verschwunden.

Dirndl und Zöpfe - ein lustiges Weinfest

Ein keines dunkelhaariges Mädchen mit ihrer Schultasche am Rücken, nähert sich vorsichtig dem Zebrastreifen und ein Cabriofahrer bringt seinen Wagen zum Stehen. Vorsichtig schaut das Mädchen nach links, dreht den Kopf dann aufmerksam nach rechts und geht nun schnell über die Straße. Der Fahrer lächelt und fährt schließlich weiter. Max kennt die Schülerin. Er begegnet ihr immer, wenn er nicht zu Hause zu Mittag isst, sondern im Gashof in der Straße zum Bahnhof. Heute sieht sie wieder entzückend aus, mit ihren Zöpfen und dem roten Dirndl. Letzteres erinnert ihn an die Kellnerin vom Gasthof. Zwei rote Dirndlträgerinnen. Eine blond und eine mit dunklem Haar. Jede ist hübsch anzusehen. Doch vielleicht würde zu der Dunkelhaarigen eher eine zarte Farbe passen.

„Heute ist der Tafelspitz wieder köstlich gelungen", sagt Max zu der blonden Kellnerin im rotem Dirndl, während er ihr das Geld für die Mahlzeit hinlegt. Sie greift danach und schaut ihn an. Mit einem Nicken zeigt er ihr, dass sie den Rest behalten kann.

„Danke sehr“, sagt sie freundlich.

Während Max zur Tür geht sieht er noch, wie die Kellnerin den Teller und das Glas von seinem Tisch abserviert: „Auf Wiedersehen.“

„Tschüss“, sagt sie, während sie den Kopf zu ihm dreht.

Er lächelt freundlich zurück und geht auf die Straße. Sein Verdauungsspaziergang führt ihn zu der Anhöhe, wo vorige Woche das Weinfest in dem alten Winzerhaus gefeiert wurde.

******

Das Weinfest ist bei den Jugendlichen der Region sehr beliebt und daher gut besucht. Der Gastgarten ist mit Girlanden und bunten Lichterketten geschmückt. Die Holztische und Bänke stehen in mehreren Gruppen. Neben dem Ausschank steht nur ein Tisch und etwas abseits ist der Eingang zu den Nassräumen. Die Tür ist mit bunten Blumen bemalt, was lustig aussieht und in der Mitte ist ein Herz herausgeschnitten.

Die Musikanten spielen gerade die Löffelpolka. Der dunkelhaarige Junge an dem Tisch vis à vis von dem Ausschank sagt seinem Nachbarn etwas ins Ohr. Beide lachen.

„Was ihr nur schon wieder habt“, sagt Claudia. „Ihr wisst doch, dass ich das Herumflüstern nicht mag. Und schon gar nicht, wenn ihr Witze über Frauen macht.“ Sie hat bemerkt, dass sie zu Lisa geschaut haben, die gerade aus der Tür mit dem ausgeschnittenen Herzen kommt und sich dem Tisch nähert.

„Ach lass sie“, sagt Sofie. „Die Beiden bekommen ihres schon noch später ab.“

Lisa kommt mit einem Lachen zum Tisch. „Hab ich etwas Besonderes an mir, dass ihr mich alle so anschaut?“

„Du siehst bezaubernd aus Lisa“, rettet Philipp die Situation.

„Ja, toll.“ Stefan will dem Kompliment des Freundes um nichts nachstehen.

Sofie schmunzelt.

„So ein Dirndl ist schon etwas Schönes“, sagt Claudia.

Jetzt verzieht Sofie das Gesicht. Hat sie es doch nur den Freunden zu liebe angezogen und sich dazu Zöpfe geflochten. Die gefallen ihr eigentlich ganz gut.

„Du wirst sehen, dass es dir gut stehen wird“, hat Konstanze zu ihr gesagt, als sie ihrer Stieftochter das Dirndl einmal zu Weihnachten geschenkt hat. Widerwillig hat es Sofie angezogen.

„Steht dir gar nicht schlecht“, hat Doro zu ihr gesagt.

„Soll ich mir dazu vielleicht Zöpfe flechten?“

„Ja, prima.“ Jetzt auch noch Florian.

Julian verbeißt sich das Lachen. Er kennt seine Schwester am Besten. Lieber würde sie mit einem engen Lederanzug zur Schule gehen, als mit einem Kleid, hat sie einmal zu ihm gesagt. ‚Kleine Buben vergessen so etwas nie’, denkt Sofie als sie seinen Blick bemerkt. So übel ist das Dirndl gar nicht. Aber das will sie den Anderen gegenüber nicht zugeben. Es wird sich schon eine Gelegenheit bieten, es anzuziehen.

„Sofie, ist dir nicht gut?“, fragt Lisa besorgt. Irgendwie wirkt die Freundin teilnahmslos auf sie.

„Doch, nur mein Glas ist leer.“

Stefan steht schnell auf. „Ich hole dir ein Neues. Hat noch jemand einen Wunsch?“

„Mir bitte einen Rotwein“, sagt Claudia.

„Mir auch bitte“, sagt Lisa und hebt ihr leeres Glas.

„Ich komme mit“, sagt Philipp. .

„Das tut ja richtig gut, wenn die einmal eine Zeit lang weg sind."

Sofies Laune scheint sich nicht zu bessern. ‚Wahrscheinlich weil Markus noch nicht da ist', denkt Claudia. Es tut ihr richtig weh, wenn es der Freundin nicht gut geht. Sie ist ihr richtig ans Herz gewachsen. Sie hat sie auch getröstet, als sie Philipp verlassen hat, weil er sie wahrscheinlich betrogen hat.

„Hallo allerseits! Fehlt noch der späte schöne Gast?"

Sofie schmunzelt. Nicht wegen dem dummen Spruch, sondern weil er endlich da ist. Markus setzt sich zu ihr und sie küssen sich kurz. Zu kurz für Sofie.

‚Vielleicht möchte er hier vor den Anderen nicht so innig küssen', entschuldigt sie sein Verhalten.

Sonst denkt sie doch gar nicht so aber plötzlich empfindet sie so eine Sehnsucht. Mehr, als bevor Markus gekommen war. Beinahe hätte sie deswegen Lust mit ihm sofort zu gehen.

Sie schaut zu Lisa, wie sie nach dem Glas greift, das Philipp ihr reicht.

„Danke dir", sagt Lisa.

„Auf das schönste Weinfest, dass heute stattgefunden hat", sagt Stefan.

Sofie hebt das Glas hoch, das ihr Stefan gebracht hat und alle heben ihr Glas.

Claudia lacht. Die anderen Mädchen lachen mit und Philipp klopft Stefan auf die Schulter.

„Und auf den sinnigsten Trinkspruch des Tages."

„Apropos Weinfest. Vergesst nicht nächsten Samstag zu meiner Party zu kommen."

„Wie könnten wir das vergessen, Claudia", sagt Markus .

„Ich freue mich, wenn ihr alle kommt. Es werden auch ein paar meiner Kollegen und Kolleginnen da sein." Claudia schaut zu Sofie, sie weiß, dass die Freundin in nächster

Zeit nicht so oft am Wochenende etwas mit den Freunden unternehmen wird können. Sofie spürt ihre Gedanken. „Ich bin dabei“, sagt Sofie bestimmt und spielt dabei mit ihren Zöpfen. Sie erinnert sich daran, wie Gert sie verlassen hat. Ihm weint sie keine Träne mehr nach, nur Philipp. Wie voreilig sie doch war. Wie es mit Markus werden wird, daran will sie jetzt nicht denken.

Honoré und die jungen Mädchen

Der Gastgarten auf dem Platz vor der Kirche, nahe dem Theater lädt zum Verweilen im Schatten der alten Bäume ein. Hier wird Sofie beim Lesen in ihrem Textbuch nicht von der Sonne geblendet. Während sie sich zu einem Tisch setzt, nähert sich Friedrich der ihr gefolgt ist. Er weiß zwar, dass sie in der Pause Textlernen möchte, will aber die Zeit nützen, um mit ihr zu plaudern.

„Hallo Sofie“, spricht er sie an, als sie das Textbuch auf den Tisch legt und ihre Brille in der Tasche sucht. Mit hochgezogener Augenbrauen unterdrückt sie einen Seufzer. Friedrich ignoriert ihre abweisende Geste. „Darf ich mich zu dir setzen?“

„Bitte.“ Sie rückt ihr Textbuch näher zu sich.

Bert, der Kellner kommt zum Tisch: „Was darf ich bringen?“

„Heiße Schokolade für die Dame, oder?“, Friedrich schaut Sofie fragend an.

„Stilles Mineralwasser bitte“, sagt sie mit einem Unterton als wollte sie sagen: ‚Das hast du dir so gedacht!’ Seit sie ihn kennt ist ihr klar, dass ihm die Rolle des Honoré auf dem Leib geschrieben ist. So wie er die jungen Mädchen anschaut.

„Einen Kaffee für mich“, sagt er und wendet sich sofort wieder Sofie zu. „Heute ist es sehr warm.“

„Ja, sehr warm", antwortet Sofie. Sie versucht ihren Text zu lesen. Sie will eigentlich nicht unhöflich sein. ‚Sieht er denn nicht, dass ich hier nicht zum Spass sitze? Wenn wenigsten Hubert kommen würde.'

Friedrich bemerkt ihre Ablehnung, doch kommt ein Rückzug für ihn nicht in Frage. Sofie schlägt das Buch zu und Bert stellt die Getränke auf Untersetzer.

„Danke", sagt Friedrich.

„Ich zahle gleich." Sofie nimmt ihre Börse aus der Tasche.

„Das mache ich."

„Danke." Sie bemüht sich ihm ein Lächeln zu schenken und trinkt rasch aus. „Ich muss gehen."

„Bis dann", antwortet er.

„Bis dann", wiederholt sie und geht eilig davon.

Friedrich schaut ihr hinterher: ‚Eine entzückende Person.'

Auch Bert sieht Sofie weggehen. ‚Wie sie flüchtet, der muss ihr ja sehr sympathisch sein.'

Bevor die nächste Probe beginnt hat Isabel alle Kollegen im Aufenthaltsraum der Schauspieler zusammen kommen lassen.

„Das sind Petra und Rita. Sie spielen Gigis Freundinnen", stellt Isabel die beiden jungen Frauen dem Ensemble vor. „Es sind nur kleine Rollen. Aber jeder hat einmal klein angefangen und ihr werdet euch bei uns sicher wohl fühlen."

‚Isabel, du wirst das Deinige dazu beitragen', denkt Sofie. Sie schaut die beiden erleichtert, fast mit einen schadenfreudigen Lächeln an. ‚Friedrich, da wirst du einiges zu tun haben. Nehmt euch in acht.'

Die beiden sind Friedrich nicht entgangen. Interessiert mustert er eine nach der anderen.

Sofie ist zufrieden. Sind die beiden doch wesentlich jünger als sie.

Eine Probe im Park

Auf dem Bühnenboden ist vor einer Grasfläche ein Himmel- und Höllespiel aufgemalt. Die Felder sind von eins bis acht nummeriert, zwei Felder sind noch frei. Isabel und Margit sitzen bereits im Zuschauerraum als sich Gabriel zu ihnen gesellt und Friedrich und Klara ihre Position auf der Bühne einnehmen. Vom Kaffeehaustisch links auf der Bühne können sie gut zu dem Platz mit dem Hüpfspiel sehen.

Sofie betritt hastig die Bühne, bekommt von Franz eine orangenfarbiger Kreide in die Hand gedrückt und hockt sich zu dem Hüpfspiel.

‚Mit dem Hut auf dem Kopf schaut sie doch tatsächlich wie ein kleines Mädchen aus', denkt Franz.

„Bitte", sagt Isabel, nachdem Franz die Bühne verlassen und auch Karl seinen Platz eingenommen hat.

Sofie beginnt langsam eine Neun in eines der letzten beiden freien Felder zu malen.

„Gigi ist eine hübsche junge Dame geworden", beginnt Honoré die Konversation.

„Sie muss noch viel lernen", antwortet ihm Inez .

„Was soll sie denn einmal machen? Doch nicht etwa - nein. Das ist nichts für ihr Gemüt", spielt Friedrich Honoré zuerst mit fragender, dann mit einer ernsten Miene.

„Von ihrer Tante Alicia bekommt sie die entsprechende Ausbildung. Sie soll lernen, wie man sich benimmt und wie man sich in höheren Kreisen zu bewegen hat. Dann wird sie perfekt sein, wie geschaffen dafür", erklärt Inez. „Aber es wird noch ein hartes Stück Arbeit, bis dahin."

„Sofie, du solltest bereits fertig sein“, sagt plötzlich Isabel.

„Die Null ist nicht so einfach zu malen.“ Ins letzte Feld hat sie bereits eine große orange Eins gemalt, aber ausgerechnet die Null, wie soll sie freihändig einen ordentlichen Kreis zeichnen.

„Papperlapapp, das kann doch nicht so schwer sein“, zeigt Isabel wenig Verständnis.

„Man könnte doch kleine Terminpunkte aufkleben oder dünn vorzeichnen“, bittet Sofie.

Auf der Bühne herrscht allgemeiner Unmut. Klara rückt sich nervös ihren Hut zurecht.

„Sonst noch einen Wunsch, die Dame“, sagt Franz zu Karl. „Glaubt sie, sie hat schon ein Engagement in Hollywood.“ Karl muss über seine Bemerkung lachen, obwohl er Sofie recht gibt.

Nur Friedrich stützt sich mit einem Lächeln gemütlich auf seinen Sparzierstock.

„Was werden wir für eine Lösung bekommen?“, fordert Isabel Franz auf etwas zu unternehmen. Er hat bereits die Kreideschachtel geöffnet und geht zu Sofie. Sie schaut ihn so dankbar an, dass er nichts Böses mehr denken kann.

„Das mache ich doch gerne“, sagt er nur und kniet sich auf den Boden.

Hauchdünn malt er eine große Null neben die Eins.

„Danke, sehr lieb“, sagt Sofie erleichtert.

Isabel findet es gut und ist zufrieden, dass das ganze Team gut zusammen arbeitet und weiß das besonders zu schätzen, aber sie muss auch streng sein, damit keiner den Anschluss verliert. „Sofie, können wir jetzt?“ Isabels Stimme klingt fast bedrohlich ungeduldig.

„Ja, ich bin soweit.“

„Honoré antwortet Inez nach ‚Tante Alicia‘, nein nach ‚hartes Stück Arbeit‘, gibt Margit das Stichwort.

„Nun, ich denke doch, dass Gigi bald einen jungen Mann kennen lernen wird. Sie wird andere Pläne haben", setzt Friedrich die Probe fort.

„Gott bewahre", antwortet Klara.

„Hallo Gigi", Rita und Petra treten auf und begrüßen Gigi, die gerade mit dem Hüpfen auf den Feldern beginnt.

„Hast du die Kreide in der Schule mitgehen lassen?", fragt Petra.

„Ich habe sie mir nur ausgeborgt", antwortet Gigi überlegen, sie würde doch nie etwas mitgehen lassen.

Rita hüpft in das erste Feld.

„Petra, du musst Sofie während der Frage anschauen und nicht Mäuse auf dem Bühnenboden suchen", unterbricht Isabel.

Rita lacht, doch Sofie bleibt ernst. Ist das denn jetzt so wichtig, dass Isabel schon wieder unterbrechen muss. Friedrich lüftet seinen Hut. Auch wenn er nur ruhig sitzen muss, findet er die heutige Probe sehr anstrengend.

******

Am Spielplatz hüpfen drei Mädchen neben der Sandkiste auf einem mit Kreide aufgemalten Spiel. Max sitzt auf einer Parkbank und hat vorhin beobachtet, wie ein älterer Junge ihnen beim Aufzeichnen der Felder geholfen hat. Er findet es rührend, wenn die Älteren den kleinen Kindern helfen. Das ist natürlich nicht immer so, doch in letzter Zeit fällt ihm das immer wieder auf. Er steht von der Sitzbank auf und verlässt zufrieden den Park.

5. Kapitel

Der Morgen nach Claudias Party

Die Morgensonne steigt langsam über die Baumwipfel der Gebirgskette über der Stadt. Es ist ein ruhiger Sonntagmorgen und nur wenige Fahrzeuge fahren die Bundesstraße entlang. Ein Herr in einem edlen Morgenmantel nimmt eine Zeitung aus der Hängevorrichtung, welche an der Verkehrsschildstange vor Maxs Haus befestigt ist und überquert dann gemütlich die Straße. Drüben angekommen beginnt er im Weitergehen in der Zeitung zu blättern.

Im Schlafzimmer wird es bereits etwas hell. Die dichten Vorhänge lassen den anbrechenden Tag nur durch einen kleinen Spalt ins Zimmer. Max gähnt und kuschelt sich wieder unter die Decke. Du wirst heute sicher länger schlafen. Gestern war Samstag, ein Wochentag für Isabel und die jungen Leute. Es ist sicher eine lange Nacht geworden.

******

„Wie spät ist es denn", mit dem letzten Wort fällt Claudia sofort wieder ins Schlummern.

Sofie schiebt vorsichtig die dünne Decke zur Seite und setzt sich langsam auf. Mit ihrem Versuch sich auf dem Sofa umzudrehen hätte sie Claudia, die zwischen ihr und der Lehne so bequem liegt, wie ihr dafür Platz geblieben ist, beinahe geweckt. Da die Vorhänge zugezogen sind, ist es im Zimmer noch dunkel. Am Weg zum Badezimmer stößt sie mit dem rechten Fuß gegen eine Flasche, die bei der Party letzte Nacht auf dem Boden stehen geblieben ist.

„Autsch!"

Mit schmerzendem Zeh sucht sie die Tür zum Bad und den Lichtschalter. Sie stellt den Fuß auf den Wannenrand und betrachtet ihre Zehen. 'Alle noch dran', denkt sie, dreht das kalte Wasser auf und lässt es über ihren Fuß laufen. Automatisch greift sie nach einem der zusammengelegten Handtücher im Regalschrank neben dem Waschbecken. Sie war schon öfter bei Claudias Partys und weiß, dass sie für ihre Gäste alles bereit hält. Nachdem sie ihren Fuß abgetrocknet hat legt sie das Handtuch zur Seite und betrachtet ihr Gesicht im Spiegel. Die Gelsenstiche an ihrem Hals erinnern sie an ihren letzten Knutschfleck, der noch sehr lange zu sehen war, länger als die Erinnerung es wert gewesen wäre an den Mann zu denken. Rasch wäscht sie sich das Gesicht, trocknet es ab und hängt das Handtuch auf.

Im Zimmer ist es inzwischen nur wenig heller geworden. Trotzdem erkennt sie wo Phillip und Stefan auf einem der Sofas liegen. Einer der beiden schnauft geräuschvoll beim Atmen. Sie kann nicht wahrnehmen von wem es stammt aber von Philipp kann es eigentlich nicht sein. Das würde sie kennen.

Niemand hat etwas von ihrem schmerzhaften Morgenausflug mitbekommen. Vorsichtig geht sie zum Fenster und hebt den Vorhang etwas zur Seite. Mit zusammengekniffenen Augen sagt sie der Welt guten Morgen. Die Sonnenstrahlen beleuchten ihr Gesicht und setzen ihre Schönheit, so wie sie in ihrem T-Shirt und den kurzen Shorts vor dem Fenster steht, trotz durchgefeierter Nacht perfekt in Szene.

Draußen ist nur der parkartige Hof zu sehen, da die Wohnung nicht zur Straße hin ausgerichtet ist. Auch Claudia liebt diese Aussicht und ist sehr zufrieden, dass sie dieses Domizil gefunden hat.

‚Hier würde es mir auch gefallen', denkt Sofie und lässt den Vorhang zurücksinken. Sie setzt sich zum Esstisch und blickt von der Sonne noch ganz geblendet auf die Tür zum Schlafzimmer. Sie ist geschlossen und wirkt auf Sofie als wolle sie ein Geheimnis verbergen, sind doch während der Party, als sie alle in bester Stimmung waren, Lisa und Markus hinter ihr verschwunden. Unbewusst greift sie sich an den Hals und geht zur Küchenzeile. Leise öffnet sie den Kühlschrank. Das Licht beleuchtet ihren schlanken Körper als sie plötzlich Gelächter an der Wohnungstür hört. Da es wieder verstummt, schließt sie rasch den Kühlschrank und als die Wohnungstür aufgesperrt wird, duckt sie sicht reflexartig. Lisa und Markus betreten wortlos und mit ruhigen Schritten die Wohnung. Sofie steht auf und öffnet rasch den Kühlschrank.

„Huch", haucht Lisa. Beide schauen erschrocken zu Sofie.

„Wo kommt ihr denn her", sagt Sofie ohne ihnen ihre eigene Erschrockenheit zu zeigen.

„Da", Markus hält eine Einkaufstüte hoch. „Der Bäcker am Platz hat auch Sonntagvormittags geöffnet."

„Backofen frisch", ergänzt Lisa. Sie geht zum Fenster und zieht die Vorhänge zur Seite.

Markus legt die Tüte auf einen freien Platz auf der Arbeitsplatte.

Phillip gähnt und streckt sich. „Müsst ihr denn so laut sein."

Auch Stefan knurrt, lässt die Augen aber geschlossen.

„Es gibt Frühstück", sagt Sofie laut und schnappt sich die Tüte.

Lisa bereitet die Kaffeemaschine vor, während Markus auf dem Esstisch Platz schafft.

Phillip ist inzwischen aufgestanden: „Ihr beiden Turteltauben, macht ihr schon auf Familie?"

Stefan reibt sich die Augen und setzt sich auf. Sofies Miene wird ernst. Sie schaut zu Lisa und dann zum Fenster wo die Morgensonne den Tag freundlicher erscheinen lässt.

Nachdem die anderen gegangen sind, hilft Sofie ihrer Freundin beim Aufräumen. Keiner spricht ein Wort. Es scheint, als hätten die beiden so eine Harmonie, dass sie jegliches Tun im Einklang miteinander ausführen. Sofie räumt den Geschirrspüler ein und Claudia schaut ihre Freundin besorgt an. Sie weiß, dass Sofie mit Markus zusammen ist, aber auch, dass sie immer noch an Philipp denkt.

„Sofie, du bist so nachdenklich."

„Ach, ich dachte nur an die Proben. Ich muss heute noch Text lernen." Sie schließt das Gerät und schaltet es ein.

„Sofie ich kenne dich, hast du an Philipp gedacht?", versucht Claudia verständnisvoll zu sein.

„Nein, an Markus und Lisa", sagt Sofie und geht zum Sofa hinüber.

„Meinst du, er hat dich mit Lisa betrogen?"

Gemeinsam legen sie die Decken zusammen, die zerwühlt auf den Sofas liegen.

„Es sah auf jeden Fall so aus."

„Ich denke, dass du noch sehr an Philipp hängst", versucht Claudia abzulenken und ihre eigentliche Neugier zu verbergen.

„Vielleicht habe ich damals vorschnell reagiert."

„Aber du hast ihn doch auch betrogen."

„Das weiß er doch gar nicht und das wird er niemals erfahren. Das nicht."

Ihre Stimme bebt. Sie rückt die Kissen auf dem Sofa zurecht und entdeckt einen Schlüsselbund. Sie erkennt ihn sofort, sagt aber nichts. Von Claudia unbemerkt lässt sie ihn unter dem Kissen liegen.

„Ich sage sicher nichts. Ich bin deine Freundin. Die Beste hoffe ich und das möchte ich auch bleiben."

Sie umarmt Sofie. Claudia meint die aufsteigenden Tränen der Freundin zu spüren und drückt sie fest an sich. Ihr ist es egal ob sie wegen Philipp oder Markus weint oder gar wegen Gert, ihrem erster Freund. Trotzdem gibt sie insgeheim Lisa die Schuld. ‚Oh Lisa, wenn du wüsstest, was du unserer Freundin antust.'

Sofie ist sich selbst nicht sicher, ob die Tränen wegen Markus oder Philipp fließen. Es wird wohl Letzteres sein, also weint sie über ihre eigene Dummheit.

Als hätte sie Claudias Gedanken gehört, sagt sie plötzlich: „Ich mache Lisa ja keine Vorwürfe. Wenn man verliebt ist, denkt man nicht mehr an die anderen."

Claudia ist fast erleichtert, dass Sofie an die beiden denkt. Wie hätte sie Sofie in der anderen Sache trösten können. Sie selbst hat es doch auch betroffen. Sie ist einfach da gewesen als Philipp so verzweifelt war, als Sofie ihn stehen lies.

„Bei Philipp habe ich nicht so gedacht."

Claudia fährt beinahe erschrocken zusammen.

„Ich fühlte mich so verletzt aber ich wusste, dass Philipp sie nicht liebte." „Ja", sie überlegt kurz „das glaube ich heute noch."

‚Hoffentlich muss ich Sofie unsere Affäre nicht beichten', denkt Claudia besorgt. ‚Nein, das kann ich nicht tun.'

„Und warum könnt ihr es nicht noch einmal miteinander probieren?", fragt sie schließlich.

„Philipp ist ein sehr bedächtiger, verantwortungsvoller Mensch. Er wäre der Richtige fürs Leben. Ich denke er weiß, dass ich das glaube. Und er weiß, dass ich das nicht will. Manchmal glaube ich, die Sache mit der anderen ist mir damals gerade recht gekommen, um der Ernsthaftigkeit der Beziehung zu entkommen. Auch wenn es mir das Herz gebrochen hat."

„Dann ist es ja noch nicht zu spät. Gib euch noch eine Chance.“

Sofie entweicht ein Lächeln. „Dafür ist es mir einfach noch zu früh. Du weißt doch, dass ich...“

Es läutet an der Tür. Claudia öffnet und sie starrt Philipp mit großen Augen an.

„Hallo, ich habe offensichtlich meine Schlüssel hier liegen lassen. Vielleicht sind sie mir aus der Hose gerutscht.“

Er betritt die Wohnung und entdeckt erschrocken Sofie. Sie hätte er nicht mehr hier erwartet.

„Hey Sofie.“

„Hey“, sagt sie mit schelmischem Blick. „Du hast wohl noch einen Umweg gemacht, so schnell wie du wieder zurück gekommen bist“, sagt sie spöttisch aber auch neugierig, wo er denn gewesen sein könnte.

Erschrocken sucht er nach einer Erklärung. Dass er mit Lisa, Markus und Stefan noch in der Haydngasse eine Pizza essen war, will er aus Taktgefühl nicht sagen.

„Ich, ich habe mir noch eine Pizza genehmigt. Habt ihr schon etwas gegessen?“, fragt er um von sich abzulenken.

„Nach diesem Frühstück fällt Mittag bei mir aus“, sagt Sofie bestimmt und ernst. Es ist ihr nicht entgangen, dass er verlegen ist.

„Ich esse später etwas“, wirft Claudia schnell ein. Sie spürt die Spannung zwischen den beiden.

Philipp geht zum Sofa und hebt ein Kissen nach dem anderen hoch. „Da sind sie ja“, sagt er erleichtert.

Claudia schaut Sofie fragend an. Sie müsste sie eigentlich gesehen haben. Sofies Gesicht zeigt nicht die geringste Regung. Sie wusste, dass er wieder kommen würde.

„Okay, dann gehe ich wieder“, sagt er und schaut zu Sofie, die den Blick senkt. Darf sie sich jetzt noch nach Philipp sehnen? Heute hat sie doch andere Sorgen. Jedoch ist ihr nicht danach, sich über Lisa und Markus Gedanken zu machen.

„Tschüss", sagt Claudia und schließt die Tür hinter Philipp.

„Du hast es gewusst", sagt sie zu Sofie, die noch immer wie angewurzelt da steht.

„Was gewusst?"

„Dass er wieder kommt. Du musst die Schlüssel doch gesehen haben."

„Muss ich das?", Sofie lacht.

„Du hättest es mir sagen können, dass er zurück kommen wird."

„Dann hättest du die ganze Zeit darauf gewartet, wie ich reagieren werde."

Jetzt muss Claudia lachen. Sofie kennt ihre Freundin genauso gut wie sie Sofie. Sie sind eben beste Freundinnen.

Ein Kartenspiel für Erwachsene macht Sofie nachdenklich

Gut, dass heute nicht der Unterricht mit dem Essen geprobt wird. Sofie fühlt sich heute gar nicht wohl. Als Gigi teilt sie die Karten aus. Gaston nimmt seine vom Tisch und fächert sie in der linken Hand. Er hält sie dicht vor sein Gesicht. Gigi lächelt ihn an, wirft einen Blick in ihre Karten und schaut wieder zu ihm. Isabel beobachtet Sofies Blicke genau.

„Glaubst du, ich muss dir in die Karten schauen?"

Das Spiel beginnt und nimmt seinen Lauf. Gaston kommentiert das Spiel und rekonstruiert die bereits gespielten Karten. Er starrt in seine Hand und überlegt was seine Spielpartnerin noch in der Hand haben könnte. „Eine eindeutige Sache." Er legt seine Karten auf den Tisch.

Gigi legt die Karten auf den Tisch.

„Gewonnen!“

Ihr Freudenruf erschreckt Margit. Isabel lässt sich nicht ablenken.

„Du mogelst nicht schlecht!“

„Schlechter Verlierer, bei dir gewinne ich immer“, sagt sie etwas eingeschnappt.

„Weil du immer mogelst, das macht keinen Spass mehr.“

„Mir macht es Spass“, sagt sie wieder freundlich mit verführerischem Blick.

Diese Szene gefällt Sofie. Da kann sie ihr Talent zeigen. Sie ist eben eine Actrice der Gegenwart. Sie erinnerte sich schon beim Textlernen daran, wie sie früher mit Florian gespielt hat. Nicht um zu gewinnen hat sie damals gemogelt, sondern um Florian zu ärgern. Damals war es für den zwei Jahre älteren Bruder ein Triumph selbst zu gewinnen. Die Freude zu gewinnen, ermöglichte Sofie dann später ihrem jüngeren Bruder Julian.

Sofie bringt das Kleid auf dem Bügel in Form und hängt es auf den Haken an der Tür. Sie setzt sich an ihren Schminktisch und betrachtet sich mit abgestütztem Kopf im Spiegel. Sie sieht ihr einfaches T-Shirt, ihre Schultern und ihr Dekolleté. Warum ist Markus ihr untreu geworden nach so langer Zeit, von heute auf morgen. Oder geht das schon länger mit Lisa. Ist sie hübscher als sie? Sie setzt sich aufrecht hin. Markus hätte schon viele Gelegenheiten gehabt und er kennt Lisa auch schon länger. Kritisch betrachtet sie ihr Brustbein, dann ihre Nase und schließlich auch die verblassten Gelsenstiche an ihrem Hals. Dabei denkt sie an Gert, ihre erste Beziehung, seine heißen Küsse und wie verspielt sie damals waren. Noch sehr jung ließ sie sich zu dieser innigen Beziehung hinreißen. Am liebsten wäre sie damals gleich mit ihm zusammen gezogen. Doch ihr Vater hätte das seiner sechzehnjährigen Tochter niemals erlaubt.

Auch wenn für sie das Leben im Haus unerträglicher geworden ist, da Konztanze eingezogen war. Und wie die meisten Mädchen ihres Alters, glaubte sie mit vierzehn das Schönste zu versäumen. Damals empfand sie es ungewöhnlich, dass junge Leute so lange zusammen sind. Bis Gert es schließlich mit einer anderen versuchte und sie einfach stehen ließ. Was sie damals fühlte wird sie nicht vergessen, niemals. Und dann Philipp. ‚Er ist mein Partner fürs Leben', war sie sich sicher. Doch als sie ihn dann mit dieser Blondine gesehen hat, ist sie aus allen Wolken gefallen. Sie hatte eben von allem etwas mehr, wovon Männer träumen und hat ihm so den Kopf verdreht. Noch bevor er ihr untreu werden konnte, hat Sofie ihn verlassen. Das Schlimmste daran ist, dass gar nichts gewesen ist und sie ihn trotzdem weggeschickt hat.

‚Ich dumme Kuh.' Sie will nicht mehr daran denken.

Vielleicht war auch zwischen Markus und Lisa gar nichts. Aber dieser Versuch sich zu trösten scheitert kläglich. ‚Wie er sie schon anschaut.'

Florians Freundin Doro

Da das Theater nur ein paar Busstationen entfernt ist, kann Sofie die Mittagspause nutzen, sich nach längerer Zeit wieder einmal mit Doro, der Freundin ihres Bruders zu treffen. Der Frisiersalon in der Geschäftsstraße wirkt eher klein und bescheiden. Aber die Lage ist eine der besten der Hauptstadt. Sogar, dass ausgerechnet diese Straße eine Fußgängerzone werden soll, kann dem kleinen Friseurgeschäft nichts anhaben.

„Im Gegenteil, es werden mehr Passanten darauf aufmerksam werden", sagt Doro zu ihrer Kundin und reicht ihr die Quittung. „Und mit dem Lieferverkehr werden wir auch keine Probleme haben."

„Auf Wiedersehen“, verabschiedet sich die Kundin.
„Einen schönen Tag noch für sie“, antwortet Doro.
„Danke.“
Sofie betritt das Geschäft: „Hey, bin ich zu früh?“
„Bin gerade fertig geworden. Ich kann gleich eine Pause machen.“ Doro ist tatsächlich nicht so wie alle anderen, die denken würden: ‚Na ja das wäre ja ganz was Neues!’
„Wir haben uns ja schon ewig nicht gesehen“, sagt Doro.
„Ja ist schon eine ganze Weile her.“
„Ich bin gleich so weit.“
Doro verschwindet im Waschraum und das Wasser beginnt zu rauschen. Sofie beobachtet Doros Kollegin, die nachdem sie einer Kundin die Haare fertig eingedreht hat einer weiteren Kundin Haarfarbe aufträgt.
‚Iiih, das würde ich nicht wollen’, Sofie ist froh, dass sie mit ihrem natürlichen Haar zufrieden ist. Bis sie sich dieser Prozedur hingeben wird müssen ist zum Glück noch Zeit. Der Gedanke, dass man ihr im Theater die Haare färben könnte, lässt sie erschauern.
„So, jetzt können wir.“ Doro reißt sie aus den Gedanken.
Sie verlassen das Geschäft und gehen zu dem Café hinüber, das mit seinen Blumen auf dem Geländer und einer Tafel mit den Tagesangeboten vor dem Gastgarten lockt.

„Einen Toast bitte“, sagt Doro zu der Kellnerin, „und einen Orangensaft.“
„Für mich einen Gemüsestrudel. Nur ein kleines Stück bitte und auch einen Orangensaft“, bestellt Sofie.
„Wie geht es bei den Proben?“, stellt Doro die häufigste Frage der letzten Zeit.
„Es läuft ganz gut.“
„Macht es dir viel Spaß?“
„Ja, schon. Es ist aber auch harte Arbeit.“
„Also nicht immer Spaß?“

„Es ist beinahe so, als wäre die Rolle für mich geschrieben worden."

„Wow, das ist schön für dich", sagt Doro.

„Wie geht es Florian?"

„Er wird bald mit der Abendschule fertig. Na ich kann dir sagen, es war eine harte Zeit für uns beide. Wir konnten kaum etwas gemeinsam unternehmen."

„Dann werden wir uns auch wieder öfter sehen", antwortet Sofie. „Obwohl, mit dem Engagement werde ich jetzt diejenige sein, die abends weniger Zeit haben wird."

„Deine Vorstellung muss ich unbedingt sehen. Ja da werden wir uns auf jeden Fall Zeit nehmen", sagt Doro begeistert.

„Das will ich auch meinen", sagt Sofie und lacht. Sie ist froh, dass Florian so eine liebe Freundin hat. Es hätte auch anders kommen können.

„Was macht eigentlich Konstanze?", reißt sie Doro aus den Gedanken.

Sofies Blick verändert sich.

„Sie will immer das Kommando haben. Stell dir vor, als ihre Nichte zu Besuch kam wollte sie, dass sie in Florians Zimmer wohnt. Und deshalb wollte sie dort einiges ausräumen."

„Ihr habt doch ein Gästezimmer", sagt Doro.

„Das ist Konstanze nicht gut genug für ihre Nichte. Dabei ist Greta ganz nett."

„Und wie geht es Julian mit Konstanze?"

„Der kommt mit ihr zurecht." Sofie schmunzelt. „Er sagt, er geht ihr eben aus dem Weg, so gut es geht."

„Und du?", fragt Doro ganz neugierig. „Wie geht es dir so?"

Leider kommt gerade jetzt die Kellnerin und bringt die Speisen und die Getränke. „Bitte schön."

„Danke", sagt Doro leicht genervt, ist sie doch schon so gespannt was es sonst Neues bei Sofie gibt.

Sofie trinkt von ihrem Orangensaft.

„Guten Appetit", sagt Doro und beginnt ihren Toast zu essen.

Sofie teilt mit der Gabel ein Stück von ihrem Gemüsestrudel ab und genießt den ersten Bissen. Doro versucht erneut die brennende Frage zu stellen. Nach der Sache mit Philipp wollte sie Sofie nicht gleich so eine persönliche Frage stellen.

„Und du? Hast du einen neuen Freund?"

Sofie nimmt das nächste Stück und wird nachdenklich. Doro bemerkt, dass sie innerlich wütend wird.

„Sofie, ist es so schlimm?"

„Ich bin mit Markus zusammen, doch der hat sich jetzt an Lisa heran gemacht. Oder sie an ihn. Ist doch egal."

„Das tut mir leid", sagt Doro. „Ich wusste gar nicht, dass du mit Markus zusammen warst!"

„Die haben vor mir herumgemacht."

„Entschuldige, dass ich gefragt habe."

„Ist schon in Ordnung", sagt Sofie und isst weiter.

******

Max geht die Einkaufsstraße hinunter. Die beiden Frauen im Gastgarten gegenüber unterhalten sich, während die Kellnerin das Essen serviert.

‚Sehr hübsch die beiden', denkt Max im Vorbeigehen. Er muss sich beeilen, weil er den Regionalbus erreichen will.

******

„Grüß mir Florian", sagt Sofie.

„Mach' ich und gib Julian einen Kuss von mir."

„Okay, Tschüss."
Die Türen des Autobusses schließen sich hinter Sofie.
Gerade noch geschafft.

Eine Probe mit interessanten Steinen

„Wir bauen auf die Wohnung von Alicia um", sagt Margit und Friedrich und Klara verlassen die Bühne. Franz räumt zuerst das Teegeschirr und dann die Töpfe und Pfannen aus der Kochnische weg. Zwei Arbeiter stellen das Sofa weiter nach links, ein Dritter bringt einen kleinen Tisch und stellt ihn vor das Sofa. Danach werden der große Tisch und die Stühle auf die andere Seite gestellt und Franz bringt eine Schmuckschatulle, die er für die nächste Szene auf der Anrichte positioniert.

„Ist Sofie schon da?", fragt Margit.

„Sie ist gerade in die Garderobe gelaufen", antwortet Karl.

„Dann können wir ja gleich weiter machen", ist Isabel zufrieden während sie im Textbuch blättert.

Sofie tritt auf. Gustav, welcher den Diener spielt, schließt hinter ihr die Tür.

„Guten Tag Tante Alicia." Gigi nimmt ihren Hut vom Kopf und gibt ihn dem Diener.

„Grüß' dich mein Kind", sagt Alicia und Gigi gibt ihr einen Kuss auf die Wange. „Setz dich. Heute wirst du etwas über Edelsteine lernen." Sie holt die Schatulle, stellt sie vor Gigi auf den Tisch, öffnet sie und gibt ihr eine Brosche in die Hand. Gigi hält sie ehrfurchtsvoll in der Hand und fühlt die Rubine. „Die ist ja wundervoll."

Gekonnt spielt Sofie, dass sie von dem Geschmeide in der Requisitenkiste beeindruckt ist. Neugierig greift sie hinein.

„Aber mein Kind. Nicht so ungestüm. Die Juwelen wollen vorsichtig berührt werden.“

Isabel unterbricht die Szene und gibt Lotte eine Regieanweisung, wie sie sich zum Tisch setzen soll. Sofie betrachtet währenddessen die Steine. ‚Das muss doch alles irrsinnig schwer zu tragen sein.'

Alicia steht auf und legt Gigi ein Collier um den Hals und schließt den Verschluss. „Schau es dir an.“ Sie reicht Gigi einen Spiegel. Interessiert betrachtet sie den Schmuck an ihrem Hals. „Das schaut gar nicht schlecht aus.“

„Nicht schlecht?“, sagt Alicia empört.

‚Wenn der Schmuck echt wäre, würde er sich noch angenehmer tragen lassen', denkt Sofie. ‚Mist, was war jetzt das Stichwort?'

„Sind die echt?“, fragt sie schnell. Hoffentlich hat das Isabel nicht zu lange gedauert.'

Da Isabel die Probe diesmal nicht unterbrochen hat, war es wohl in Ordnung.

6. Kapitel

Die Bäckerei hat eine liebe Verkäuferin

Jenseits der Stadt lichtet sich der Himmel über der panonischen Tiefebene. Ein glühender Streifen wird unter dem wolkenbedeckten Himmel sichtbar, so als hätte ein Maler sein Gemälde mit einem leuchtenden Strich begonnen.

Von Sofies Zimmer aus kann man das Naturschauspiel nicht sehen, denn die Zypressenreihe die ihr Vater pflanzen ließ, um die Sicht von den nahen Nachbarhäusern zu verhindern, schränken die Fernsicht auch vom ersten Stock des Hauses merklich ein.

Seufzend dreht sich Sofie auf die andere Seite um den piepsenden Wecker auf ihrem Nachtkästchen abzustellen.

‚Ist schon wieder morgen?' Es scheint ihr so, als wäre sie eben erst eingeschlafen. Sie drückt ihr Gesicht fest in das Kissen. Leider läutet jetzt der zweite Wecker. Sie knipst die Stehlampe auf dem Nachtkästchen an und stellt den Wecker ab. Es wird ihr nichts anderes übrig bleiben als aufzustehen um den Autobus zu erwischen. Da sie bisher von den Gagen ihrer kleinen Nebenrollen kein allzu großes Einkommen hatte, war es für sie notwendig geworden eine Halbtagsbeschäftigung in der Hauptstadt anzunehmen. An das frühe Aufstehen, konnte sie sich jedoch nicht gewöhnen. Oft wird ihr die Zeit zu knapp, aber die Morgentoilette darf nicht zu kurz kommen. Beim Zähneputzen überlegt sie welche Bluse sie heute anziehen wird. Wenigstens die Wimperntouche muss in Ordnung sein. Mehr geht sich heute wirklich nicht aus. Leise geht sie die Treppe hinunter um Julian nicht aufzuwecken und flugs huscht sie zur Haustür hinaus. Das Frühstück holt sie ohnehin an ihrem Arbeitsplatz nach.

Gustav Lemberger hat seine kleine Bäckerei an der Ecke gerade aufgesperrt, als Sofie über die Straße geht. „Guten Morgen“, begrüßt sie ihren Chef.

„Guten Morgen Sofie“, er lächelt sie freundlich an. Er kann ihr nicht wirklich böse sein, auch wenn sie regelmäßig knapp vor dem Aufsperren, oder manchmal auch erst zu spät kommt.

Sofie geht schnell in den Nebenraum, hängt die Jacke und die Tasche auf einen Haken, bindet sich ihre Schürze um und setzt sich die Mütze auf, welche sie als Mitarbeiterin der Bäckerei kennzeichnet.

Das hastige Treiben des Morgengeschäfts lässt sie heute besonders ins Schwitzen geraten.

„Bitte schön mein Herr“, sagt sie freundlich und stellt dem Kunden seinen Kaffee auf den Tresen.

„Danke, so früh am Morgen so freundlich bedient zu werden, lässt den Tag schon gut beginnen“, lobt er sie. Sie schenkt ihm ein irritiertes Lächeln und nimmt den gut zehn Jahre älteren Mann kaum noch war. Mit ihren Gedanken ist sie schon bei Isabel, dank deren Rücksicht es möglich ist, dass Sofie ihren Nebenjob noch ausüben kann, weil in den ersten beiden Stunden der Probenzeit Szenen ohne Gigi geprobt werden.

„So lange noch kein Durchlauf geprobt wird, und die Kulissen auch auf der Probenbühne verwendet werden können, ist es möglich, dass du später dazu kommst“, hat ihr Isabel wohlwollend zugesichert. Sie weiß, dass das Mädchen das Geld braucht, aber die Hauptrolle ihr für die Zukunft weiter helfen wird.

Sofie legt schnell die Schürze weg und nimmt ihre Jacke. Beinahe hätte sie vergessen die Mütze abzunehmen.

„So eilig“, fragt eine freundliche Männerstimme, als sie vor dem Geschäft um die Ecke biegen will. Ihre Blicke treffen sich. Als sie ihn erkennt wird ihr Blick gleichgültig. Seiner bleibt unverändert, obwohl er es bemerkt.

„Schon Schluss für heute? Gerade wollte ich mir für Mittag einen Imbiss holen.“

„Meine Kollegin ist schon da“, antwortet sie mit einer Handbewegung in Richtung Eingang.

„Ich glaube nicht, dass ich da heute noch so freundlich bedient werde, wenn sie nicht dort sind.“

„Schicksal, ich muss gehen.“

„Wann kann ich sie wieder sehen?“, schießt es aus ihm heraus bevor sie sich abwenden kann und ohne es zu wollen hält sie inne.

„Morgen um Sieben, ...“

„Ist die Welt wieder in Ordnung“, fügt er hinzu.

‚Für ihn vielleicht’, denkt sie.

„Dann bis morgen.“ Schnell geht sie weg.

„Einen schönen Tag noch“, ruft er ihr nach.

Sie dreht sich nicht um. Nichts kann sie noch an diesem Ort halten.

******

Die Verkäuferin gibt das Brot in eine Papiertüte und legt es auf den Tresen.

„Was darf es noch sein, mein Herr?“, fragt sie.

„Fünf Semmeln und einen Kornspitz. Der ist für meine Frau“, sagt Max.

Sie lächelt ihn an und findet es komisch, dass er von seiner Frau spricht, obwohl sie doch immer den Eindruck hat, dass er ihr eindeutige Avancen macht. Sie legt die Papiertüte mit den Semmeln und dem Kornspitz auf den Tresen.

„Möchten sie ein Sackerl dazu?“

„Ja, bitte.“

Sie bückt sich um unter dem Tresen ein Sackerl herauszunehmen und packt die Sachen hinein.

„Bitte sehr.“

„Danke.“ Max schaut ihr in die Augen, während er den Sack nimmt und denkt, dass sie bezaubernd aussieht und mit dieser Mütze von der Bäckerei etwas lustiges an sich hat.

******

Sofie hat ihr Haar über die Schulter nach vorne gelegt. Vom Fenster aus sieht sie die Autos auf der nächtlichen Fahrbahn der Stadtautobahn. Im halbdunklen Zimmer ist es still, keiner sagt ein Wort. Thomas steht hinter ihr und hält sie an den Hüften. Sie kann seinen Atem spüren und fragt sich ob sie es wirklich will. Hier im Hotel. So spontan mit dem ihr noch so fremden Mann. Aber irgend etwas an ihm hat sie sehr angezogen. Seine Art sie vor dem Geschäft anzusprechen ist es wohl nicht gewesen. Vielleicht war es seine ruhige Art und dann hat er es doch geschafft im richtigen Augenblick mit einem Wort ihr Interesse zu wecken. Vielleicht ist es, weil sie mit Markus Schluss gemacht hat nachdem er sie mit Lisa betrogen hat und sie daher schon einige Zeit ein Singleleben führt. Nein, weg mit den Gedanken. Sie ist froh, dass sie hier ist und im Moment lebt. Die Gegenwart hat kein Vorher und kein Nachher. Thomas küsst ihren Hals und sie schließt die Augen. Einen kurzen Moment nur. Dann dreht sie sich um und küsst ihn.

Ein Klavier für Gigi, verleiht Sofie Flügel

Dem Treiben in der Fußgängerzone schenkt Sofie wenig Beachtung als sie das Modeschmuckgeschäft verlässt. Sie beeilt sich, denn sie will pünktlich bei Isabel sein. Sie hat ihr angeboten auf ihrem Flügel zu üben, da sie in einer Szene kurz Klavier spielen muss.

„Ich kann doch gar nicht Klavierspielen“, hat sie gleich gesagt, als Isabel erklärte, dass es prima wäre, wenn sie selbst ohne Zuspielung am Klavier spielen würde: „Die Szene wird dadurch von dir ganz alleine bestimmt und viel harmonischer sein.“

„Das gefällt mir.“ Sofie war begeistert. Vielleicht wird sie richtig Klavierspielen lernen. Bei dem Gedanken lächelt sie verträumt. Und wenn sie öfter, als nur an jedem Samstag an dem probenfrei ist, bei Isabel üben könnte, würde sie es schnell viel besser können.

Als Sofie die Villa in der Isabel mit ihren Mann wohnt sieht ist sie von dem alten Kasten direkt an der Straße nicht begeistert. ‚So würde ich nicht wohnen wollen.' Aber es wird wohl noch einige Zeit brauchen, bis sich ihre Wohnträume erfüllen. Auch wenn ihr der Gedanke weiterhin mit Konstanze gemeinsam in der Villa zu wohnen nicht gefällt. Erst wenn sie es sich leisten kann, wird sie sich eine andere Bleibe suchen. Rasch überquert sie die Straße.

Für die Jause ist alles vorbereitet, der Gugelhupf steht auf dem Tisch, das Teewasser kocht und für die heiße Schokolade ist auch schon alles gerichtet. Isabel rückt das Tischtuch zu recht als es an der Tür läutet. Isabel öffnet und begrüßt ihren Gast freundlich: „Komm herein, Sofie.“

Auf Sofie wirkt sie ungewohnt freundlich. „Guten Tag“, antwortet sie ruhig und betritt das Haus. Dabei blickt sie sich neugierig um.

„Hier kannst du deine Jacke aufhängen“, sagt Isabel. „Ach gib sie mir, ich mach′ das. Geh ruhig schon ins Wohnzimmer.“ Während Isabel ihre Jacke auf einen Bügel aufhängt geht Sofie weiter und betrachtet die Einrichtung.

Als Isabel ihr folgt, sagt sie ehrlich: „Ein tolles Haus!" Von außen hätte sie es sich nicht so vorgestellt.

„Komm setz dich, ich habe Tee gemacht." Schmunzelnd sagt sie: „Du kannst aber auch heiße Schokolade haben, wenn du willst."

„Ja bitte einen Tee", antwortet Sofie und setzt sich zum Tisch. Ihr Blick wird ernster. Eigentlich wollte sie sofort zum Spielen beginnen. Schließlich hat sie ja heute auch noch etwas anderes vor.

„Möchtest du ein Stück Gugelhupf?", fragt Isabel, während sie den leckeren Gugelhupf anschneidet.

‚Will sie, dass ich dick werde?' Artig sagt sie: „Ja eines vielleicht, danke."

Isabel kümmert sich um den Tee und Sofie nimmt sich ein Stück.

„Ich habe dir einiges zum Üben hergerichtet. Ein paar kurze Fingerübungen und eine nette Etüde."

Isabel setzt sich zum Tisch und schenkt Tee ein. Sofie greift nach dem Kuchen und beißt einen großen Bissen ab. Isabel beobachtet sie und muss schmunzeln. ‚Gigi sähe in dieser Situation nicht besser aus.' Als sie Sofies fragenden Blick bemerkt sagt sie schnell: „Ich denke, dass du diese Rolle gut spielen wirst."

„Ich will es versuchen", sagt Sofie nachdenklich.

„Du musst." Isabels Stimme ist laut geworden und Sofie ist beinahe erschrocken. „Man muss eben hart daran arbeiten. Noch ein Stück Gugelhupf?"

‚Der Gugelhupf schmeckt klasse', denkt Sofie und trinkt den letzten Schluck aus ihrer Tasse. Isabel hätte nie gedacht, dass Sofie zwei Stück essen würde, schlank wie sie ist.

„Wo kann ich mir die Hände waschen?"

„Dort findest du alles was du brauchst.“ Isabel zeigt auf die offene Tür zur Diele. „Die kleine Tür neben der Garderobe.“

Als Sofie zurück kommt geht sie zum Flügel. „Ein schöner Flügel“, sagt sie und streicht sanft über das edle Holz.

Isabel hat inzwischen den Tisch abgeräumt: „Ich habe die Noten schon hingelegt.“

Sofie nimmt sie und stellt sie auf den Notenhalter. Sie setzt sich und beginnt die erste Übung zu spielen. Ihre Anschläge sind ganz vorsichtig, fast zaghaft.

‚Wenigstens kann sie schon Noten lesen’, denkt Isabel.

Max schließt die Haustür auf, hört das fremde Klavierspiel und wundert sich. Isabel, die ihn bemerkt hat geht zu ihm in den Vorraum.

„Max, du bist schon hier? Da kannst du Sofie kennen lernen. Du weißt...“

„Ja ich weiß, deine Gigi“, unterbricht er sie und geht zur Treppe. Bei der offenen Wohnzimmertür bleibt er kurz stehen. Er sieht das Mädchen von hinten beim Flügel sitzen. Kurz bewundert er ihr dunkles langes Haar. Isabel schaut ihm verwundert nach als er die Treppe nach oben geht, sagt aber nichts. Vermutlich will er sie nicht unterbrechen.

„Das ist ja schon ganz ordentlich“, lobt sie die Anfängerin.

„Na ja.“ ‚Eher peinlich’, denkt sich Sofie.

Plötzlich läutet im Nebenzimmer das Telefon.

„Entschuldige.“ Isabel geht hinüber und hebt ab. „Oh, Claudia“, begrüßt sie ihre Freundin und schließt die Tür.

Sofie steht auf und geht langsam durch den Raum. ‚Jetzt mache ich einmal eine Pause’, denkt sie und betrachtet die edle Tapete und die Bilder an den Wänden. Über der Anrichte hängt das Porträt eines Mannes. Der Kleidung und der Kopfbedeckung nach könnte es ein Fürst oder gar ein König sein. Seine große krumme Nase findet Sofie irgendwie lustig. Auf der Anrichte stehen zwei keramische Gefäße, die wahrscheinlich antik sind. Sofie geht am Lehnsessel von Max und an der Stehlampe vorbei zum Fenster und beobachtet wie die Autos langsamer werden, wenn sie beim Haus um die Kurve fahren. Als sie sich vom Fenster abwendet entdeckt sie eine Fotografie, die auf einer Kommode mit hohen Laden und abgegriffenen Griffen auf einem gehäkelten Läufer steht.

„Das hat Max aufgenommen; an unserem zweiten Hochzeitstag“, sagt Isabel als sie aus dem anderen Zimmer kommt. Sofie wundert sich, denn die Frau auf dem Bild trägt ein uraltes Kleid. Und diese Perücke! Als sie überlegt, ob sie Isabel fragen soll schaut sie genauer hin. Ihr Blick erstarrt. Erst jetzt sieht sie, die junge Frau auf dem Bild schaut ihr zum Verwechseln ähnlich!

Sofie und Isabel verabschieden sich.

„Ich bringe dich noch zur Tür.“

Beide Frauen gehen aus dem Wohnzimmer und Isabel sieht wie sich Sofie im großen Spiegel in der Diele betrachtet, auf die Seite dreht und lächelt: „Jetzt werde ich eine klavierspielende Künstlerin.“

Isabel lacht über die naiven Worte. Sie selbst hätte es früher auch so gesagt. Als Max die Treppe herunter kommt stehen die beiden Frauen gerade so, dass nur Isabel zu sehen ist da Sofie von einer Ecke verdeckt wird. Erschrocken bleibt Max stehen als er Sofies Spiegelbild vor Isabels Körper sieht. Beide Frauen müssen lachen und lösen die magische Erscheinung auf.

„Will uns dein Besuch schon verlassen?“, fragt Max um nicht stumm herumzustehen und kommt zu ihnen herunter.

„Ja ich muss gehen. Für heute habe ich genug geübt. Sie haben ein wunderschönes Haus“, sagt Sofie und reicht ihm die Hand.

„Danke, schön dass es ihnen gefällt.“

Max greift nach ihrer Hand und während er sie drückt schaut er ihr in die Augen.

In diese Augen, welche ihn nicht los lassen, seit ihm Johanna Caspari zum ersten Mal begegnet ist.

Ein Ausflug ans Meer

Gigis Kleid hängt auf dem Haken an der Tür. Sofie zieht ihre Jeans aus, legt sie über einen Sessel, nimmt das Kleid vom Haken und schlüpft hinein. Sie findet es zwar cool in Kleidern zu spielen aber normalerweise ist sie froh, dass sie keines tragen muss. Claudia und Lisa tragen in der warmen Jahreszeit leichte Sommerkleider. Sofie kann sich auch damit nicht anfreunden. Ja, in einer Szene mit dem gerafften Kleid zu gehen, oder bei einer Tanzszene das breite Kleid zu schwingen, das hat schon seinen Reiz. Aber trotzdem ist es sehr unbequem und das kann sie gar nicht leiden. Sie muss beim Bewegen ungehemmt sein, wie sonst auch. Niemals gebremst durch irgendetwas und irgendjemand.

Gisela, die Garderobiere kommt in die Garderobe. „Ich mach dir gleich das Kleid zu.“

„Danke.“ Sofie hält still, bis Gisela das Kleid vollständig geschlossen hat.

„So bitte.“

„Danke.“ Sofie geht zur Tür: „Ich gehe gleich hinunter, es geht gleich los.“

„Bis dann“, sagt Gisela.

„Hallo!“ Sofie begrüßt die auf der Bühne stehenden Klara und Karl. Klara bereitet sich für die Probe vor und Karl geht seinen Aufgaben als Inspizient nach. Er überprüft noch einmal die Scharniere und die Schlösser der Türen. Bei einer der letzten Proben hatte Sofie Schwierigkeiten sie zu öffnen. Er will nicht, dass Isabel wieder einen Grund hat das Mädchen zu tadeln. Soeben kommt Isabel in den Zuschauerraum, setzt sich zu den anderen an den Regietisch und begrüßt die Anwesenden: „Guten Morgen. Können wir beginnen?“

Sofort bewegen sich alle Anwesenden auf der Bühne schneller. Franz der Requisiteur und Karl verschwinden im ‚Off'.

Klara nimmt ihre Position beim Herd in der Kochnische ein und Sofie setzt sich zum Tisch.

„Franz“, ruft Sofie, „die Zeitung!“

„Das fängt ja schon gut an“, sagt Isabel genervt, so dass nur Margit sie hören kann.

Franz bringt die Zeitung und Sofie schlägt sie auf.

„Bitte“, sagt Isabel und die Probe beginnt.

Gigi ließt aus der Zeitung vor und Inez beschäftigt sich mit der Pfanne auf dem Herd.

Als es läutet lässt Gigi die Zeitung auf den Tisch fallen, springt auf, läuft zur Tür und öffnet sie: „Großmutter, Gaston ist gekommen!“

Sie nimmt Gaston Zylinder und Spazierstock ab, setzt sich den Zylinder auf, spielt mit dem Stock und bewundert den goldenen Griff.

„Sofie“, unterbricht Isabel.

„Schau etwas freundlicher, du bist verspielt. Ein Kind, dass sich über ein Spielzeug freut.“

Sofie nimmt den Zylinder vom Kopf. Setzt ihn mit einem Lächeln wieder auf, schwingt sich auf das Sofa und spielt mit dem Stock. Gaston begrüßt Inez und lobt den Duft ihres Essens. Er gibt ihr eine Flasche Champagner und reicht Gigi Pralinen. Sie setzt sich artig hin, legt die Pralinen aufs Sofa und setzt sich wieder zum Tisch. Sie greift nach der Schüssel mit den Fisolen und beginnt die Stängel abzubrechen.

Beim Textlernen dachte Sofie daran, dass Gemüse putzen keine Tätigkeit mit Priorität für sie ist. Vielleicht ist das auch einer der Gründe, weshalb sie nicht kochen kann und es ihr nie in den Sinn gekommen ist, es einmal zu versuchen. Warum auch? Das Essen von Paula schmeckt prima. Zu gut, so dass es für Sofie gut ist, wochentags zu Mittag nicht zu Hause zu sein. Wahrscheinlich würde ihre schlanke Figur darunter leiden.

Sofie spricht ihren Text als spiele sie die Rolle schon seit einigen Vorstellungen. Sie lobt seine Krawatte und Inez lädt Gaston zum Essen ein. Bei der Stelle wo er von seinem Plan spricht, das Wochenende am Meer zu verbringen, beginnt er Gigi bei den Fisolen zu helfen. Sie muss lachen und ihre Großmutter ermahnt sie.

‚Oje', Sofies Miene wird ernst. Sie hat ihr Stichwort verpasst.

„Du willst mit uns ans Meer fahren?", sagt Isabel ungeduldig und schaut auf Gabriel den Souffleur, der bewundernd zu Sofie schaut.

Auf der Bühne ist es still.

„Sofie?"

„Ja."

„Ans Meer; und da wir schon unterbrochen haben. Du hast vergessen die Katze vom Sofa zu nehmen, bevor du dich hingelegt hast."

„Kann denn nicht wenigstens ein Stofftier verwendet werden? Ich tue mir schwer, etwas zu nehmen was gar nicht da ist."

„Sie meint, sie vergisst, was sie nicht sieht", ätzt Karl.

„Ich schau´ gleich nach, was ich da habe", ruft Franz und eilt davon.

„Alles für die Kunst", kommentiert Hubert.

Sofie wirft ihm einen verächtlichen Blick zu.

„Also ich wäre dann so weit", sagt Isabel. „Auf das Kuscheltier müssen wir jetzt wohl nicht warten."

Oh Thomas

Die Sonne lacht bereits in Sofies Zimmer als sie aufwacht. Endlich konnte sie wieder einmal länger schlafen, das hat ihr schon so gefehlt. Auch die gestrige Abendprobe hat das ihre dazu beigetragen, dass sie diesen ausgiebigen Schlaf nötig hatte. Da die Proben jetzt immer intensiver werden, ist es für sie unerlässlich geworden, den Job in der Bäckerei aufzugeben. Irgendwie ist ihr doch leid darum. Sie hatte gerne mit den Leuten zu tun, aber letztendlich war ihr die Doppelbelastung einfach zu anstrengend.

Sie wirft die Decke zurück, steht auf und hüpft gut gelaunt in Richtung Badezimmer. Im Spiegel lächelt ihr, ihr eigenes Gesicht entgegen und sie erkundet den Knutschfleck an ihrem Hals. Ob er heute anrufen wird. Sie wartet schon seit zwei Tagen. Schnell dreht sie sich weg um selbst nicht zu sehen, dass sich ihr Blick verfinstert, dafür ist sie zu gut aufgelegt. Sie will sehen, was der Tag für sie bereit hält. Schnell schlüpft sie in den Schlafrock, den sie vom Sessel nimmt und geht in die Küche hinunter.

Es riecht nach Kaffee den Konztanze auf der Platte warm gehalten hat. Konstanze scheint nicht hier zu sein.

‚Merkt sie sich denn nie, dass ich in der Früh keinen Kaffee will und diesen Warmhaltegeruch hasse. Wenigstens habe ich meine Ruhe. So hält sie mich nicht auf, ich kann in Frieden frühstücken und komme dann rechtzeitig weg.'

Julian kommt die Treppe herunter und schaut zur Küchentür herein.

„Was machst du denn noch hier?"

„Ich habe eine Stunde später Unterricht."

„Und Konstanze?"

Er wundert sich, dass sie nach ihr fragt. „Die hat es vergessen. Sie hat bereits einen Termin, hat sie gesagt und ist schon weg."

‚Typisch', denkt Sofie aber sie will sich ihrem kleinen Bruder gegenüber nicht weiter über einen Erwachsenen äußern.

„Ich mach mich auf den Weg. Tschüss." Julian nimmt seine Schultasche und verlässt das Haus.

„Machs gut", ruft sie ihm hinterher und beißt von ihrem Knäckebrot ab.

Auf dem Weg zur Probe schaut Sofie auf die Uhr und überlegt ob sie noch an der Bäckerei vorbei gehen soll. Um diese Zeit ist Thomas immer zu ihr ins Geschäft gekommen. So haben sie sich kennen gelernt. Warum ruft er nicht an? Unbewusst werden ihre Schritte schneller. Sie weiß nicht ob sie von Sehnsucht, oder von Angst getrieben wird. Könnte es sein, dass sie ihn nicht wieder sehen wird. Gleich ist sie dort, nur noch drei Gassen muss sie überqueren. Plötzlich achtet sie nicht mehr auf das Treiben der Stadt. Der Lärm ist für sie unhörbar geworden. Sie wird angezogen wie von einem Magneten; wie ein Dürstender das Wasser sucht, wie ein Insekt das das Licht sucht; so wie der Kopflose in sein Unheil läuft.

Bei der vorletzten Ecke dreht sie den Kopf wie von Geisterhand geführt und schaut in die kleine Gasse. Sie bleibt stehen und mit ihr jede Bewegung auf der Straße. Sie hört ihren stummen Schrei, tief drinnen in ihr und der Lärm dringt wieder an ihr Ohr. Sie kann ihren Blick nicht abwenden. Vor Angst, dass sie es noch einmal sehen könnte, sie starrt in die Gasse. Zwei Häuser weit von ihr steht Thomas mit eine anderen Frau. Es entgeht ihr nicht, dass er sie eng an sich gedrückt hält, dass er sie in diesem Augenblick küsst, ja, dass er nicht mehr von ihr lässt.

Endlich hat sie es geschafft sich abzuwenden. Mit offenem Mund unterdrückt sie es den Kopf zu schütteln. Fassungslos geht sie weiter. Nein noch einmal kann sie nicht hinschauen, obwohl sie sich gerne überzeugen würde, dass sie sich nur getäuscht hat. Ihre Schritte werden schneller. Nur weg von diesem Ort. Ihre Augen glitzern im Sonnenlicht. Sie fühlt sich betrogen und verletzt und ihr Kummer weicht der Wut die in ihr aufkommt.

Gleich hat sie das Tor erreicht. ‚Ach wie werde ich heute die Proben schaffen? Und Isabel, was wird sie sagen? Irgend etwas verhaue ich heute sicher.'

7. Kapitel

Eine Erfrischung in der Nachmittagssonne

Sofie kommt aus der geöffneten Tür des Bühneneinganges und betritt den Gehsteig der kleinen Seitengasse. Die Nachmittagssonne wirft den Schatten ihrer schlanken Figur auf die Hauswand. Das hochgesteckte Haar, ein T-Shirt und eine Short verleihen ihrer Erscheinung ihre typische Note und geben Sofie die sehnsüchtig erwartete Abkühlung nach der Probe. Auch bei dieser Hitze musste sie wie immer im Probenkostüm proben.

Ihr Kleidungsstil gibt ihr eine etwas laszive Note. ‚Das passt zu ihr', denkt Hubert der ihr folgt: „Sofie!"

Sie dreht sich um während sie die kleine Gasse überquert. „Hey."

„Wollen wir noch etwas trinken? Ich lade dich auf einen Kaffee ein", lockt er sie schelmisch, als er sie am gegenüberliegenden Gehsteig erreicht.

„Ein Cola wäre mir lieber", versucht sie ihn abblitzen zulassen. „Oder lieber nicht", fügt sie schnell hinzu um das klarzustellen.

„Ach komm doch mit, im Gastgarten vorne am Platz ist genügend Schatten um sich abzukühlen." Sofie lässt sich überreden und sie gehen in die andere Richtung als die, die sie ursprünglich wollte.

„Heute wollte Isabel wieder gar nicht mit der Probe aufhören."

„Ja", sagt sie kurz mit gelangweiltem Blick und beide schweigen bis sie nach fünfzig Metern den Gastgarten vor dem Lokal erreicht haben.

„Wo willst du dich hinsetzen?", fragt Hubert höflich.

‚Ist doch egal', denkt sie. „Dort." Spontan geht sie auf einen Tisch an der Seite zu. Wahrscheinlich waren es die bunten Blumen in dem Trog an der Seite, die sie angesprochen haben.

Hubert rückt ihr den Sessel zurecht. Sie setzt sich lässig hin und hält nach dem Kellner Ausschau.

„Bert!", ruft sie und hebt die Hand.

Hubert schaut etwas verwundert, ist aber nachsichtig und lässt es auf sich beruhen. Er war eben nicht schnell genug. Die jungen Frauen von heute haben es immer eilig und schnell muss alles gehen.

„Ein Cola."

Bert hat den Tisch erreicht, schreibt die Bestellung auf und schaut Hubert erwartungsvoll an.

„Einen großen Braunen. Bitte", betont er und sieht zu Sofie.

Bert nickt und geht. Sofie übergeht Huberts kritisierende Beifügung und wartet ab.

„Ein schönes Plätzchen", will er die Konversation freundlich beginnen.

Sie verzieht den Mund, hier sieht es doch aus wie immer: „Jede Menge alte Leute hier."

„Potentielles Publikum."

„Ich schaue, dass ich bald andere Dinge spielen kann", wendet sie sich ihm wieder zu.

„Was willst du den spielen?"

Ihre Miene wird freundlicher. „Eine ordentliche Revue, oder ein modernes Musical, mit toller Musik und coolen Effekten."

„Ach, dann bist du die nächste Miss Saigon."

„Warum nicht, das wäre schon eher meine Liga."

„Dann bist du bei Isabel in den besten Händen." Hubert lacht: „Miss Saigon ist aber ein Drama."

„Es würde mir auf jeden Fall liegen. Ich kann auch ernste Rollen spielen“, sagt Sofie.

Hubert weiß inzwischen, wenn sie so spricht ist es ihr sehr ernst.

Bert nähert sich dem Tisch und bringt die Getränke: „Bitte sehr.“

Er stellt Sofie das Glas mit der Cola und Hubert das Tablett mit dem Kaffee hin.

„Ich vergaß zu fragen, wollen sie vielleicht einen Kuchen dazu?“, er schaut sie freundlich an.

‚Sehe ich so aus?’ - „Nein danke“, sagt sie freundlich.

Hubert schüttelt lachend den Kopf als könnte er ihre Gedanken lesen und Bert geht. Sofie nimmt einen Schluck und trinkt nach einem kurzen Innehalten gleich das halbe Glas aus. Hubert nimmt das Milchkännchen und gießt die Milch in den Kaffee.

Sofie sieht ihm beim Umrühren zu. „Nimmst du Zucker?“, fragt sie ihn spitz, um die überflüssige Tätigkeit zu kommentieren.

„Ist Gewohnheit, ich habe früher sehr viel Zucker in den Kaffee getan“, gesteht er etwas beschämt.

Sie lacht. „Ich auch, aber jetzt nicht mehr.“

‚Das sehe ich dir an’, denkt er. So schlank wie sie ist, isst sie wahrscheinlich kaum etwas und wenn sieht man es ihrer Figur nicht an. Bei den Proben isst sie nichts in den Pausen und Mittags ist sie immer schnell verschwunden.

Sofie greift nach dem Glas, trinkt es aus und als sie es zurückstellt steht sie auch schon auf: „Ich muss. Danke für das Cola.“ Sie verabschiedet sich mit einem kurzen Blick und geht in die Richtung aus der sie gekommen sind.

„Tschüss“, kann er ihr gerade noch hinterher rufen, als sie an der Hausecke verschwindet.

Er schaut auf den Sessel, auf dem sie gerade noch gesessen hat. Ein Seufzer folgt dem Blick auf das leere Glas und er spürt wie diese Leere den ganzen Platz erfüllt.

Als sie auf der gegenüberliegenden Straßenseite am Bühnentor vorbei geht kommt Friedrich gerade heraus. Er winkt ihr zu, doch sie sieht ihn nicht. Ihr Blick ist auf die Ecke der nächsten Kreuzung gerichtet wo sich schon der Bus nähert. Sie geht etwas schneller und kann den Bus ohne große Anstrengung erreichen. Friedrich sieht ihr nach: ‚Mädchen du hast es wieder einmal geschafft.' Er dreht sich um und geht in Richtung Gastgarten.

Im Bus setzt sie sich in eine leere Vierersitzgruppe und bemerkt, dass sie ein junger Mann von schräg vis á vis anlächelt. Sie sieht ihn freundlich an schaut aber gleich wieder etwas gelangweilt weg. Sie denkt an Isabel. Heute hat sie wieder ständig kritisieren müssen und war gar nicht einfühlsam. Dabei hat sie während der Szene mit Lotte doch nur kurz eine Bemerkung zu Franz gemacht. Warum ließ sich die dumme Schmuckschachtel nicht aufmachen? So eine Disziplinlosigkeit kann Isabel nicht zulassen. Aber vor allen anderen! Auch wenn sie sich danach bei Sofie entschuldigt hat, unmittelbar hat es sie sehr geschmerzt.

Isabel ist sich bestimmt sicher, dass Sofie so etwas gleich wegsteckt, als könnte ihr Gemüt nichts erschüttern. ‚Sofie, Sofie', dachte Isabel. ‚Was soll da aus uns werden?'

‚Das hast du dir so gedacht', denkt Sofie und schaut aus dem Fenster. Den jungen Mann will sie keinen Blick mehr schenken und sie überlegt, wie sie die Zeit nützen kann, bevor sie sich mit Claudia und den anderen trifft. Sie nimmt ihr Smartphone aus der Tasche und beginnt ihre Emails zu lesen. Vielleicht haben die Freunde einen Vorschlag für heute Abend gepostet.

Als der Bus ruckartig um die Ecke fährt, schaut sie auf. Beim Blick aus dem Fenster springt sie auf und steckt schnell das Smartphone in die Tasche. Als der Bus hält, steigt sie rasch aus und setzt ihre Sonnenbrille auf, rückt sie zurecht und eilt in Richtung Fußgängerzone.

Der junge Mann sieht ihr nach. ‚Gehetztes Huhn', denkt er beleidigt.

Ein versüßter Nachmittag für zwei Freundinnen

Isabel geht in der Fußgängerzone in Richtung Schloss. Sie kommt am Juweliergeschäft vorbei, wo ihr Max seinerzeit den Verlobungsring gekauft hat. Sie bleibt vor der Auslage stehen und entdeckt bei den Modeschmuckringen einen kunstvoll gedrehten Ring aus schwarzem Draht. ‚So etwas habe ich früher selbst gemacht. Die verlangen da ganz schön viel dafür', denkt sie. Dabei fällt ihr die Szene mit den Edelsteinen ein. ‚Sofie spielt das wunderbar.' Überhaupt ist sie mit der jungen Kollegin sehr zufrieden. ‚Hm, wie könnte es auch anders sein.'

Sie schaut sich noch einige Ringe an und geht dann weiter. Sie wollte sich heute mit dem Bühnenbildner treffen doch er war nach der Probe schon aus dem Haus. Das Bühnenbild für die Wohnung von Inez will sie weniger rot haben. Darüber muss sie heute noch mit ihm sprechen. Sie nimmt ihr Handy aus der Handtasche und setzt sich vor dem Schloss auf eine Bank.

„Hallo Herbert, ich wollte dir nur kurz sagen, dass mir die rote Tapete für das Zimmer zu intensiv ist. Die Unruhe soll ganz von Sofie getragen werden. Wenn sie das Zimmer betritt soll sie mit ihrem roten Kleid sofort alle Blicke auf sich ziehen."

„Das wird sie vermutlich sowieso“, wirft Herbert ein. „Eigentlich ist das rote Zimmer ein Indiz für das Gewerbe der Frauen die dort leben.“

„Für mich spielt Sofie die Hauptrolle, dass ist das Wichtigste.“

„Du meinst Gigi“, sagt er lachend aber bestimmt.

„Und wenn du das Zimmer etwas dezenter gestaltest, mit entsprechender Ausstattung?“

„Du meinst das Inventar. Das sieht ja dann aus wie in ‚La Cage aux Folles‘.“

„Du hast recht.“ Eigentlich will sie sich jetzt nicht länger damit beschäftigen.

„Also gut, ich lasse mir etwas einfallen“, sagt Herbert.

„Tschüss Herbert, also bis morgen.“

Sie packt das Handy weg und schaut, ob sie Claudia schon sehen kann. Eigentlich ist sie sonst immer vor ihr am Treffpunkt, wundert sie sich.

„Entschuldige“, sagt Claudia. „Ich habe noch eine Kollegin getroffen.“

„Und da hast du die Zeit übersehen“, will Isabel die Freundin necken.

Claudia setzt sich zu ihr auf die Bank. „Was wollen wir machen?“, fragt sie.

„Gehen wir in das Café hier. Die haben köstliche Kardinalschnitten.“

Claudia ist über ihre Freundin erstaunt. „Wann hast du die denn gegessen? Du meidest doch alles was nur einen Hauch von Kalorien hat.“

„Na ja, die kann ich mir schon einmal gönnen.“

Die Freundinnen stehen auf und gehen zum Café hinüber.

„Das schaut alles wirklich gut aus, ich glaube ich nehme auch eine Kardinalschnitte“, sagt Claudia als sie bei der

Vitrine vorbeigehen. Auch die Schwarzwälderkirschtorte und die Bananenschnitten sind verlockend.

„Wie geht´s im Theater voran?“, fragt Claudia während sie sich mit der Gabel ein Stück von ihrer Kardinalschnitte nimmt.

„Ja wir kommen gut voran.“

„Und deine Gigi, also Sofie wie ist die?“

„Sie nimmt die Sache sehr ernst aber manchmal ist es auch schwierig mit ihr.“

„Kommst du mit ihr zurecht?“

„Doch mittlerweile schon, vor allem weil sie sich etwas sagen lässt, obwohl sie das nicht wirklich zeigen will. Sie lernt sogar Klavierspielen.“

„Wozu denn das?“

„In einer Szene spielt sie eine Etüde, das habe ich mir so ausgedacht“, sagt Isabel mit einem Lächeln.

„Und sie muss dafür extra spielen lernen?“

„Ja ich will es authentisch.“

„Ich stelle es mir schon schön vor, einen künstlerischen Beruf zu haben“, schwärmt Claudia und schaut Isabel mit bewunderten Augen an.

„Ja, aber es ist eine große Aufgabe. Sowohl für die Schauspieler als auch für mich als Regisseurin. Ich hätte nicht gedacht, dass es so schwierig sein wird, mit Sofie zu arbeiten.“

„Sie ist halt noch sehr jung. Du warst auch nicht immer mit dem einverstanden, was man von dir verlangt hat.“

„Du hast ja recht. Es ist wahr, sehr sogar, bei mir war es nicht anders. Sofie ist ein sehr liebenswürder Mensch. Manchmal erinnert sie mich sogar an mich. Und sie spielt hervorragend.“

Claudia schaut Isabel etwas irritiert an. Wieso schwärmt Isabel so für Sofie obwohl sie sich gerade noch über sie beschwert hat.

Isabel bemerkt Claudias verständnislosen Blick. Sie bemerkt, dass sie sich nicht klar ausgedrückt hat. Wie soll Claudia auch verstehen, dass sich die beiden Frauen in einem endlosen Kampf befinden. Wie Magnetpole deren magnetische Ausrichtung ständig wechselt. Isabel weiß selbst nicht, warum es so sein muss, wo sie doch in Sofie ihr, zweites Ich zu erkennen glaubt.

„Ich bin schon sehr stolz auf Sofie, aber ich will ihr das nicht so zeigen“, sagt sie schließlich.

„Du willst den Tag nicht vor dem Abend loben“, stellt Claudia skeptisch fest.

„Das ist es nicht. Sofie ist eine sehr gute Schauspielerin.“

„Erzähle mir mehr von ihr. Hast du sie schon vorher gekannt?“

„Ich habe sie auf der Bühne gesehen, als Dunjascha im Tschechows Kirschgarten. Sie war entzückend.“

„Wie schaut sie denn aus?“, fragt Claudia neugierig weiter.

„Sie hat dunkles Haar wie ich, nur länger. Vielleicht habe ich etwas mit.“

Isabel öffnet ihre Tasche. Aus ihrem großen Notizbuch nimmt sie zwischen den losen Zetteln einen Zeitungsausschnitt heraus.

„Hier: ‚Die neue Gigi’, das ist eine Presseaussendung vom Theater über meine neue Inszenierung.“ Unter dem Bild steht: Die Regisseurin und ihre Hauptdarstellerin.

Claudia betrachtet die beiden Frauen auf dem Bild. ‚Aber das ist doch... .’

„Schön, wie sie ihr Haar trägt, nicht?“ Isabel lächelt sie an und umso deutlicher wird Claudia die Ähnlichkeit der

Frau auf dem Foto mit ihrer Freundin. Es sieht so aus, als wäre es ein Jugendfoto von ihr.

„Diese Ähnlichkeit!“, sagt sie endlich.

„Wir schauen uns doch gar nicht ähnlich“, sagt Isabel bestimmt.

„Ist sie deine Tochter?“, fragt Claudia fassungslos.

„Aber das hättest du doch als erstes erfahren, wenn ich ein Kind hätte.“

Davon ist Claudia überzeugt und weiß nicht ob sie noch weiter fragen soll. Isabel will die Freundin nicht weiter verwirren und sagt auch nichts mehr. Dass Claudia die Ähnlichkeit zwischen Sofie und ihr als sie noch jünger war bemerken könnte, daran hat sie nicht gedacht.

„Du kommst doch zur Premiere?“, bricht sie das Schweigen.

„Ja sicher, den Termin halte ich mir auf jeden Fall frei. Wann ist sie denn?“

„Am 24 Oktober.“

„Wollen wir noch bummeln und in die Auslagen schauen?“, fragt Isabel als sie das Café verlassen.

„Ja gerne“, antwortet Claudia, die froh ist, dass die Freundin endlich einmal Zeit für sie hat.

Ein Falter am Morgen

Die Morgensonne fällt auf das Fensterbrett und Max öffnet wie jeden Tag am Morgen das Fenster. Ein Falter hat sich unter dem Fensterflügel verkrochen, flattert hektisch umher und landet dann auf dem Boden. ‚Ich muss ihn retten: Bitte halt still! Ich werde dir helfen wieder in die Freiheit zu finden.’ Max kniet sich auf den Boden und versucht den Falter mit einem Blatt Zeitungspapier aufzufangen. Der Falter hüpft hin und her, auch ein weiteres Blatt Papier hilft Max in seinem Vorhaben nicht weiter und er lässt das

Papier fallen. Schließlich gelingt es ihm den Falter mit seinen Händen zu fangen. Er spürt das Flattern des Falters in der Wölbung seiner gefalteten Hände. Max hält die Hände so bedächtig als spräche er ein Gebet. ‚So meine Liebe, dass hätten wir geschafft. Ich beschütze dich.' Er erhebt sich vom Boden, wendet sich zum Fenster, streckt die Arme aus und gibt dem Falter die Freiheit, welche er sich gleich im Schatten der Blätter des nächsten Baumes sucht. ‚Jetzt bist du wieder in Freiheit und musst selber auf dich aufpassen. Jetzt kann ich dich nicht mehr weiter beschützen - denn ich ließ dich gehen.' Max atmet die frische Morgenluft ein. ‚Herrlich die Luft am frühen Morgen.' Er darf nicht vergessen das Fenster zu schließen, es dauert nicht lange bis die Temperatur sommerliche Werte erreichen und es im Haus sonst zu warm wird. Zufrieden geht er in die Küche.

Nach dem Frühstück geht Max zu der Kommode und betrachtet das Bild der Caspari. Mit einem Lächeln setzt er sich in seinen Lehnsessel. Er denkt daran, dass er heute noch einkaufen muss und es dauert nicht lange bis er noch einmal eingeschlafen ist.

******

Max kommt mit einer schweren Einkaufstasche die Fußgängerzone hinunter. Die Abendsonne wirft schon lange Schatten auf das Straßenpflaster. Bei dem kleinen Café mit den runden Tischen vor dem Lokal bleibt er stehen. Nur zwei Tische sind besetzt. An einem sitzt ein junges Paar und unterhält sich angeregt. Am zweitem Tisch daneben trinkt eine ältere Dame ihren Kaffee und blickt zu dem Knaben der scheinbar ihr Enkel ist. Max schaut auf seine Uhr. ‚Es spricht nichts dagegen sich hier noch einen Kaffee zu gönnen.' Er geht zu einem der freien Tische in der vorderem Reihe, stellt die Einkaufstasche auf einen Sessel und setzt sich. Während er auf die Servicrerin wartet, schaut er auf die Leute die durch die Fußgängerzone eilen. Kaufen werden sie nicht mehr viel können. In der Freistadt hat in der Fußgängerzone nach achtzehn Uhr kaum ein Geschäft offen. In ein bis zwei Stunden wird hier die Innenstadt fast wie ausgestorben sein. Nur draußen im Einkaufszentrum am Stadtrand läuft das Geschäft noch bis spät am Abend.

„Was darf ich bringen?“, spricht ihm das liebe Servierfräulein an, als sie den Tisch erreicht.

„Einen großen Braunen bitte.“

„Etwas dazu?“

„Danke, nein“, antwortet er und schüttelt dabei den Kopf.

Das Servierfräulein geht ins Lokal und Max entdeckt eine junge Frau auf einer Bank sitzen. Er betrachtet sie genauer. Sie schaut in die Richtung des Modeschmuckgeschäftes von Karin Kraus. Ihr Laden hat heute wohl auch schon geschlossen. Vermutlich wollte sie sich noch etwas kaufen. Max lässt seine Blicke schweifen und sieht auf der anderen Seite vier Jugendliche näher kommen, zwei junge Frauen und zwei junge Männer. Einer der Männer bleibt stehen und zeigt in die Richtung wo das Mädchen auf der Bank sitzt. Die Jugendlichen setzen ihren Weg zu dem Modeschmuckgeschäft fort. Max beobachtet sie weiter, während er einen Schluck von seinem Kaffee trinkt. Als er die Tasse hinstellt, steht das Mädchen auf, hängt sich ihre Tasche um und geht zu dem Café auf der anderen Seite. Die anderen folgen ihr. Das Mädchen geht mit einem geringen Abstand von zwei Schritte vor den anderen als von fern ein Motorradgeräusch zu hören ist, das immer näher kommt. Im nächsten Moment kommt das Motorrad aus der Gasse gebogen und das Mädchen wird in Richtung Café geschleudert. Der Rest der Gruppe weicht geschockt zurück. Noch während dem Aufschrei der Mädchen laufen Passanten herbei und sehen, dass sich das Mädchen am Boden nicht bewegt. Ein junger Mann ist der erste, der sich um sie kümmert. Die Freunde der Verunglückten laufen nach der ersten gemeinsamen Schockstarre auf sie zu. Von allen unbemerkt steht der, von seinem Sturz benommene, Motorradfahrer auf. Instinktiv betrachtet er seinen Körper von oben nach unten. Sein schwarzer Lederanzug ist am linken Knie aufgerissen und eine blutende Wunde ist sichtbar. Er empfindet keinen Schmerz. Mechanisch nimmt er seinen schwarzen Helm vom Kopf und fährt sich mit den Fingern durchs Haar. Jetzt erst bemerkt er die Menschentraube und die Gruppe junger Leute, die sich um das Mädchen am Boden kümmern. Max, der die Szene beobachtet hat, ohne auch nur eine Sekunde die Augen abzuwenden nähert sich langsam. Als er sich durch die Menschentraube nach vorne geschoben hat, sieht er wie sich die Fugen des Pflasters um das Mädchen herum mit Rot füllen. Erst als ein junger Mann, dessen Gesicht bleich geworden ist aufsteht kann Max das Gesicht des fremden Mädchens sehen: „Johanna“, entfährt es ihm leise, wie zu sich selbst. Mit bestürztem Blick sieht er in die Augen des ihm unbekannten Mädchens. Sie erinnern ihn zu sehr an die von Johanna Caspari.

******

Karin Kraus, die Inhaberin des Modeschmuckgeschäftes in der Fußgängerzone schließt soeben ihren Laden, während Sofie schnellen Schrittes um die Ecke kommt. Sie eilt zu der Ladentür und winkt Karin. Die freundliche Frau erkennt Sofie und sperrt die Tür auf. „Mein liebes Kind, was kann ich für dich tun?“

„Es ist wegen der Ringe Karin. Ich wollte fragen, ob sie schon einen verkauft haben.“

Die Frau schaut Sofie mit großen Augen euphorisch an: „Ach ja, beide!“

„He, das ist eine gute Nachricht.“

„Komm herein, wir können das gleich erledigen.“

Aus einer Lade des Verkaufpults nimmt Karin ein Notizbuch heraus: „So das haben wir gleich.“ Sie blättert ein paar Seiten zurück und findet den eingetragenen Betrag. Dann schließt sie die Kassa auf, nimmt das Geld heraus und legt es vor Sofie auf das Pult.

„Danke“, sagt Sofie erfreut, als sie sieht wie viel es ist.

„Du kannst gerne wieder welche bringen“, antwortet Karin während sie einen Beleg schreibt.

„Die Käuferinnen haben sie schon bewundern lassen und einige Bekannte von innen sind bereits zu mir gekommen und haben danach gefragt.“

„Ja gerne, dann muss ich noch welche machen.“

Karin nickt und denkt, dass das Mädchen das Geld gut brauchen wird können.

„Tschüss.“ Sofie steckt das Geld und den Beleg ein und so schnell wie sie gekommen ist, ist sie auch schon wieder verschwunden. Karin geht zur Tür und sperrt wieder ab. Dabei schaut sie dem Mädchen interessiert nach und denkt, dass nicht viele Mädchen in ihrem Alter so vielseitig begabt sind.

Sofie geht die Fußgängerzone entlang. Heute Abend sind nur mehr wenige Leute unterwegs. Sie hat noch etwas Zeit bis sie sich mit den anderen trifft, schaut in die Auslagen einiger Geschäfte und setzt sich dann auf eine der freien Bänke. Sie freut sich, dass wirklich schon beide Ringe verkauft wurden, dabei hat sie einfach nur zum Spaß einen schwarzen Draht gebogen.

„Damit wirst du noch reich werden“, hat Lisa damals zu ihr gesagt und beide mussten lachen.

„Ja biete ihn doch in einem Modeschmuckgeschäft zum Verkauf an", warf Claudia ernstgemeint ein. „Ich kenne eine Freundin meiner Mutter, die macht das auch so. Allerdings macht sie Modeschmuckketten."

Sofie fällt die Szene bei Tante Alicia ein. Die Juwelen um ihren Hals haben sich schon sehr edel angefühlt und das obwohl es nur Theaterschmuck war. Zu einem feierlichen Anlass, würde sie so etwas auch gerne tragen.

Am unteren Ende der Fußgängerzone gehen Philipp, Stefan, Lisa und Claudia über die Straße, sie haben keine Eile. Claudia bleibt stehen und schaut in die Auslage des Kosmetikgeschäfts. Sie hat ein Angebot ihrer Feuchtigkeitscreme entdeckt: „Lisa schau, so billig habe ich diese Creme noch in keinem Geschäft gesehen."

„Kommt", sagt Philipp. „Wir müssen weiter. Außerdem ist doch schon zugesperrt."

„Da schaue ich morgen wieder her. Das muss ich ausnutzen", murmelt Claudia vor sich hin, als sie wortlos in Richtung des Lokals auf der rechten Seite weitergehen, wo sie sich mit Sofie treffen wollen. Da entdeckt Stefan Sofie und tupft Lisa am Arm: „Dort", ruft Stefan und die anderen folgen ihm auf die andere Seite.

„Hallo", ruft Lisa.

„Du bist schon hier", ist Philipp verwundert.

„Meine Ringe sind verkauft worden. Ich musste noch vor Geschäftschluss da sein."

Sie steht auf, hängt sich ihre Tasche auf die rechte Schulter und geht voraus in Richtung Café auf der anderen Seite. Die anderen folgen ihr.

„Was hast du denn dafür bekommen?", will Stefan wissen.

„Sei doch nicht so neugierig", ermahnt ihn Lisa.

„Ja, über Geld spricht man nicht", gibt Claudia Lisa recht.

„Ich bin damit zufrieden", gibt Sofie lächelnd eine kurze Antwort.

Max stellt seine Kaffeetasse hin. Er hört aus der Ferne ein Motorrad. Das Geräusch kommt näher und er schaut ängstlich zu Sofie Er springt auf, läuft zu der Gasse, wo jeden Moment das Motorrad heraus geschossen kommen wird.

„He", schimpft der Motorradfahrer, der eine Vollbremsung machen musste obwohl Max dann doch noch zur Seite sprang.

„Das ist doch eine Fußgängerzone!", ruft ihm Max noch nach.

Sofie und ihre Freunde erreichen inzwischen das Café.

„Habt ihr den Motorradfahrer gesehen?", fragt Stefan und dreht sich noch einmal um.

„Nein, wo denn?", fragt Philipp. Dabei bemerkt er ein kleines Mädchen bei einem der Tische vor dem Lokal, das ihnen mit Freude eine Portion Seifenblasen entgegenbläst. Er schenkt ihr ein Lächeln und lässt eine große Seifenblase an seinem Fingernagel zerplatzen.

„Das ist doch eine Fußgängerzone", sagt Claudia. „Um diese Zeit fährt hier absolut nichts."

Verwirrt folgt Stefan den anderen ins Lokal.

******

Ein Windstoß lässt das Fenster an den Rahmen schlagen und reißt Max aus dem Schlaf. ‚Ach ja, das Fenster', denkt er. Nachdem er es geschlossen hat, kommt ihm in den Sinn, dass er heute einmal in der Stadt frühstücken könnte. Er kennt ein kleines Café in der Fußgängerzone, wo der Kaffee vorzüglich schmeckt.

8. Kapitel

Isabel auf dem Weg zur Probe

Isabel parkt ihr Auto neben dem Bühneneingang und steigt aus. Sie ist sehr froh darüber, dass vor dem Theater einige Parkplätze für die Mitglieder des Hauses zur Verfügung stehen und sie nicht erst einen Parkplatz suchen muss. Heute ist sie besonders froh da sie, bevor die Probe beginnt, noch einige Dinge besorgen möchte.

‚In diesem grünen Kostüm schaut die Cisárovná wieder entzückend aus', denkt Friedrich, während er von der Busstation zum Theater geht. Isabel bemerkt ihn erst, als er sie von weitem grüßt. Sie nickt ihm freundlich zu und sie treffen sich, als Friedrich die Straßenseite wechselt.

„Du bist heute auch schon so zeitig hier. Da könnten wir noch gemeinsam einen Kaffee trinken", schlägt er erwartungsvoll vor.

„Ich habe noch einige Besorgungen zu machen. Vielleicht nachher in der Kantine", antwortet sie mit einem Lächeln.

„Gerne", antwortet Friedrich freundlich, ist jedoch enttäuscht.

„Bis dann." Isabel geht schnell weiter.

Friedrich geht zurück zum Theater hinüber und seufzt: „Was soll´s."

‚Der wird sich auch nicht mehr ändern', denkt Isabel. Sie kennt solche Männer. Immer irgend einer Frau auf den Fersen. Sie fühlt sich dabei wenig geschmeichelt. Als sie noch eine junge Schauspielerin war, hatten sich solche Kollegen auch an ihre Fersen geheftet. Viele lagen auf der Lauer.

Das Schuhgeschäft an der Ecke, scheint extra für Isabel hier seinen Platz zu haben. Oder soll sie zuerst zur Parfümerie gehen? Bevor sie einen Entschluss fassen kann, erblickt sie in der Auslage ein Paar Schuhe, das sie sofort anspricht. Die Entscheidung ist gefallen, entschlossen betritt sie das Schuhgeschäft.

Mit den neuen Schuhen in einer Tragtasche auf dem das Label der Schuhmarke abgedruckt ist, verlässt Isabel das Schuhgeschäft und schaut auf ihre Armbanduhr. Die Parfümerie geht sich jetzt nicht mehr aus. Sie muss noch schnell zum Lebensmittelgeschäft auf der anderen Seite. Sie isst tagsüber nicht sehr viel, aber Hunger will sie dann bei den Proben auch nicht bekommen. Rasch überquert sie die Straße.

‚Schau an, Isabel hat sich ein Paar Schuhe gekauft', denkt Sofie, als sie Isabel die Straße überqueren sieht. Sie hofft, dass Isabel gut gelaunt ist, wenn sie ihre Einkäufe erfolgreich erledigen konnte. Schnell geht Sofie zum Bühneneingang hinüber, denn so kommt sie einmal noch vor Isabel zur Probe.

Unterricht mit Zigarren

Am Weg zum Regietisch, wo Margit bereits im Textbuch blättert, begrüßt Isabel die Kollegen. Alle Mitwirkenden haben bereits ihre Plätze eingenommen und Sofie sitzt gemütlich auf dem Sofa in der Kulisse.

„Wir machen weiter mit der Unterrichtsszene mit den Zigarren", sagt Isabel und nickt Lotte zu. Mit Beginn der Probe holt sie als Alicia die Zigarrenkiste von der Anrichte, setzt sich zu Gigi und öffnet die Kiste. Sie nimmt eine Zigarre heraus, führt sie unter die Nase und dann zum rechten Ohr. Gigi schaut ihr interessiert zu. Dann legt Alicia die Zigarre zurück und reicht Sofie die geöffnete Kiste: „Jetzt du."

Gigi nimmt die Kiste, greift hinein und will eine Zigarre herausnehmen, doch die Zigarren liegen alle dicht neben einander. Es ist ihr einfach unmöglich eine heraus zu nehmen. Verzweifelt versucht sie mit dem Fingernagel eine anzuheben.

„Sofie, das dauert zu lange." Isabel wirft Sofie einen ungeduldigen Blick zu.

„Es geht nicht", sagt Sofie und schaut noch verzweifelter nach dem Requisiteur.

„Franz", ruft Isabel.

Franz kommt auf die Bühne: „Ja?"

„Die Zigarrenkiste hat ein Eigenleben und will die Probe sabotieren", sagt Isabel.

Lotte, Margit und Gabriel, der Souffleur lachen.

Sofie ist nicht zum Lachen. Sicherlich wird man wieder ihr die Schuld gegeben.

„Ich bekomme keine Zigarre heraus."

„Ich werde etwas unten in die Kiste legen, damit die Zigarren nicht so eben in einer Reihe liegen", sagt Franz

„Danke", sagen Sofie und Isabel beinahe gleichzeitig.

Sofie blickt Franz dankbar an.

„So Leute, ab da wo Alicia sich auf das Sofa setzt", sagt Isabel.

Alicia reicht Gigi die Kiste und sie greift hinein. Sie nimmt eine Zigarre heraus, führt sie zu ihrer Nase und dann zu ihrem rechten Ohr. Dabei bricht sie wie vorgesehen, die Zigarre in der Mitte auseinander. ‚Oh weh!', eine Hälfte fällt auf den Boden.

„Gut so, aber von fallen lassen habe ich nichts gesagt", Isabel verbeißt sich ein Lachen.

‚Warum ist Isabel heute wieder so scheußlich zu mir. Meint sie ich mache das mit Absicht?', fragt sich Sofie.

„Entschuldigung“, sagt sie schließlich und versucht weiter zu machen, doch in dem Trubel hat Lotte ihren nächsten Satz vergessen.

„Auch das noch“, Isabel schaut zu Gabriel: „Du hast wohl auch nicht daran gedacht, dass wir dich heute noch brauchen werden.“

„Jetzt hat sie bald alle durch“, sagt Franz zu Karl.

„Bloß nicht verschreien. Sonst genießt sie das auch noch als Triumph“, antwortet Karl.

„Hat sie denn nie Fehler gemacht?“, fragt Sofie in der Pause Lotte.

„Daran denken Regisseure selten. Du musst dir nichts daraus machen.“

„Ich will doch gut sein und wenn ich gut bin, dann wird es mir nichts mehr ausmachen“, sagt Sofie energisch.

„Ich glaube genau das denkt auch Isabel über dich“, antwortet Lotte. „Sie will, dass du gut wirst.“

Eine alte, aber neue Bekanntschaft

Geschafft, die Türen des Busses schließen sich knapp hinter Sofies Rücken. Sie lässt sich erschöpft auf den nächsten freien Platz fallen. Nach der endlosen Probe auch noch dem Bus nachlaufen und so außer Atem kommen: ‚Sofie, du wirst doch nicht alt werden?‘

‚Siehe da, das gehetzte Huhn von neulich‘, erinnert sich der junge Mann, der ihr gegenüber sitzt.

„Heißer Sprint“, sagt er.

‚Auch noch einer, der sich über mich lustig macht.‘ Sie blickt ihn genervt an.

Der Fremde prüft ihren Blick: „Entschuldigung, ich wollte nicht unhöflich sein.“

Sofie sieht ihn jetzt etwas freundlicher an, findet, dass er gar nicht schlecht aussieht, und wartet ab.

„Gerhard“, sagt er mit einer leichten Kopfbewegung.

„Sofie“, antwortet sie als wäre es das selbstverständlichste auf der Welt.

‚Glaubt der, er kann mir eine Falle stellen?’, sie ärgert sich, dass sie dem Fremden gleich ihren Namen genannt hat. Schelmisch schaut sie auf die Seite.

„Arbeiten sie hier im Theater?“

Sie wendet sich ihm wieder zu: „Ja.“

„Muss ja sehr interessant sein, mit all den Künstlern und den Stars.“

„Ja, sehr interessant“, ihr Lächeln wird künstlich freundlicher.

„Sie sind bestimmt eine Tänzerin, mit ihren Beinen und ihrer Grazie.“

„Ja so ähnlich.“ ‚Der glaubt wohl von jeder Torte mit dem Finger kosten zu dürfen.’ Ihre Beine zu bewundern und ihr gegenüber zu erwähnen, wo sie doch ganz kurze Shorts trägt, findet sie anrüchig. „Wer hat, der hat.“

„Wer hat kann auch etwas verschenken.“ Sein Blick wirkt beinahe fragend auf sie.

Jetzt schenkt sie ihm ein ehrliches Lächeln, denn er gefällt ihr eigentlich ganz gut. Seine Kleidung ist modisch und elegant und er macht einen gebildeten Eindruck auf sie. Vielleicht hat auch er etwas zu verschenken.

„Gehen sie gerne ins Theater?“, fragt sie neugierig, und beißt sich auf die Lippe. ‚Der schnorrt mich womöglich um Karten an.’

„Ich habe ein Abonnement.“

„Oh! Wie interessant.“ Damit hat sie wirklich nicht gerechnet.

„Ich habe sie noch nie am Theater gesehen.“ Er schaut sie fragend an, während der Bus in der Station, wo Sofie aussteigen muss, stehen bleibt.

„Wir proben noch an einer neuen Produktion. Es ist mein erstes Engagement hier in der Stadt“, antwortet sie.

„Wie heißt denn das Stück?“

Sofie springt auf. „ Ich muss aussteigen.“

„Wann kann ich sie wiedersehen?“, ruft er ihr noch nach, während sich die Bustüren schließen. Dass er noch aussteigen könnte, kommt ihm nicht in den Sinn. Nein. Er ist sich sicher, dass er dieser Frau noch einmal begegnen wird.

Heute ist Sofie nicht bei der Sache

Irgendwie kann sich Sofie heute nicht richtig konzentrieren. Sie muss immerzu an Gerhard denken. Sie findet ihn sehr charmant und aufmerksam und er weiß, wie man Frauen verwöhnt. ‚Weiß er das vielleicht zu gut? Nein, weg mit den negativen Gedanken.’ Wenn er sie heute von der Probe abholt, wollen sie sich einen schönen Nachmittag in der Stadt machen.

„Sofie, du hast deinen Auftritt verpasst“, unterbricht Isabel die Probe und reißt Sofie aus den Gedanken.

‚Was! Oh nein.’ - „Es tut mir leid“, sagt sie schnell und setzt sich aufrecht in ihre Position auf dem Bett. Aufs Stichwort erhebt sie sich, geht ins Wohnzimmer hinunter, langsam auf Hubert zu und spricht ihren Text als hätte sie die ganzen Tag in dieser Rolle gelebt. Hubert blickt ihr dabei in die Augen.

‚Sie wird wohl heute noch ein Rendezvous haben. Es scheint als wäre sie frisch verliebt. Deshalb ist sie heute so unkonzentriert’, ist er überzeugt während er nach ihrer Hand greift.

„Das darf einer guten Schauspielerin nicht passieren“, ermahnt Isabel Sofie, als sie nach der Probe schnell von der Bühne gehen will.

„Entschuldigung, ich weiß auch nicht was heute mit mir los ist.“

Isabel verzeiht ihr die unbeabsichtigte Lüge und lächelt während sie ihr nachschaut.

„Da bist du ja mein Schatz“, begrüßt sie Gerhard als Sofie aus der Tür kommt und er ihr über die Straße entgegen kommt. Sie geben sich einen innigen Begrüßungskuss.

„Hallo“, sagt sie anschließend.

„Komm, lass uns in die Innenstadt gehen!“

„Ja gehen wir durch den Rosengarten“, schlägt Sofie vor.

Gerhard wundert sich, dass sie dafür Interesse hat: „Ich dachte, du willst zu den exklusiven Boutiquen schauen.“

„Ja, aber auf dem Weg dort hin, können wir durch den Park und durch den Rosengarten gehen. Der bunte Rosengarten ist ein herrlicher Anblick und ich liebe den Duft der Rosen.“

„Bin ich nicht genug herrlicher Anblick für dich?“, fragt Gerhard spöttisch.

Sofie schaut ihn schweigend an und hängt sich bei ihm ein. ‚Nein mein Lieber, ich sag dir jetzt erst recht nichts nur weil du möchtest, dass ich dir schmeichle.’

Der Rosengarten zeigt sich in seiner vollen bunten Blütenpracht. Sofie läuft ein paar Schritte voraus und riecht an einer Rose. „Schneewittchen, Iceberg“, liest sie auf dem Schild und schließt die Augen. Als sie die Augen wieder öffnet, schaut sie fragend auf die Seite. Gerhard der sie nicht gehört hat, sitzt auf einem der grünen Klappsessel.

„Ist mein Kavalier schon müde?“, fragt sie spöttisch.

„Ich dachte du willst lieber mit den Rosen plaudern.“

Sie nimmt ihn bei der Hand. Noch bevor sie ihre Gedanken ausspricht - ‚Was könnte ich lieber tun als mit dir...?', hält sie inne und ermahnt sich selbst: ‚Halt Sofie, das darfst du ihm nicht so leicht machen.'

Gemeinsam nehmen sie den Weg zum anderen Ausgang des Parks. Gerhard lässt ihre Hand los und legt sie um ihre Hüfte. Sofie bleibt nachdenklich. Philipp hätte sich dafür interessiert und gesagt, dass Schneewittchen zu ihr passt. Schnell wechseln ihre Gedanken zu der Boutique wo sie sich ein Top kaufen will. Vielleicht findet sie auch passende Shorts dazu.

Ein Spaziergang durch die Stadt

Max genießt den Anblick der Blütenpracht im Park. Die Parkbank lädt zum Verweilen ein. Er setzt sich und seine Blicke schweifen zu den Jugendlichen hinüber, die auf einem Tisch sitzen und ihre Füße auf die Sitzflächen der Bank gestellt haben. Früher hätte Max das als störend, ja als unerhörte Gedankenlosigkeit und als Frechheit empfunden. Doch er schaut neugierig zu ihnen hinüber, beinahe lächelt er über ihre Witze. Seit er und Isabel verheiratet sind, ist er gegenüber den Ansichten und dem oft unbedachten Handeln von Jugendlichen toleranter geworden. Durch Zuhören hat er ein Gefühl für ihre Meinungen und auch für ihre Probleme bekommen. Sein Verständnis wird genährt durch seine Sehnsucht noch einmal in diesem Alter zu sein und Versäumtes nachzuholen.

Max´s Handy läutet und er nimmt es aus der Brusttasche seiner Jacke. ‚Isabel' steht auf dem Display.

„Ja Schatz!“, sagt er mit einem Lächeln, doch Isabels Worte lassen die Züge seines Gesichtes zu einer ernsten Miene werden.

„Wir haben doch heute am Abend das Fest für die Probenhalbzeit und das Geburtstagsessen von Gabriel.“

‚Schon wieder’, denkt er: „Wer ist denn das wieder?“

„Unser Souffleur, es ist eine Überraschung für ihn. Es tut mir leid, ich habe in der Früh nicht daran gedacht.“

‚Und sie muss da wieder hin - na ja als Chefin.’ „Wie lange wird das dauern?“, Max kann die Frage nicht für sich behalten.

„Du weißt doch, dass ich nur so lange bleiben muss, bis die ersten gehen. Morgen geht es zur gewohnten Zeit mit den Proben weiter. Da möchte ich ausgeschlafen sein.“

Max ist beruhigt, diese Antwort ist ihm vertraut und er weiß, dass er sich darauf verlassen kann. Einmal ist Isabel erst am nächsten Tag nachhause gekommen, doch da hat sie bei ihrer Freundin Claudia übernachtet und ihm vorher Bescheid gesagt.

„Tschüss.“

Bevor Max einen Gruß erwidern kann, ist die Verbindung getrennt. Er hält das Handy noch immer in der Hand, als einige Regentropfen die Schwüle des heißen Sommertages durchbrechen und auf das Display und auf den Boden treffen. Er wischt das Handy trocken, steckt es ein und macht sich auf den Heimweg. Den Jugendlichen denen die Regentropfen offensichtlich nichts ausmachen, schenkt er keine Beachtung mehr.

9. Kapitel

Ein Bergfest für die Probenzeit
Hier stimmt doch etwas nicht, Sofie ist verwirrt

Es ist schon dunkel in der Straße, welche vom Kirchenplatz direkt zum Restaurant führt. Isabel hat die Theaterkollegen zu einer kleinen Feier in ihr Lieblingslokal in ihrer Heimatstadt eingeladen. Sie ist der Meinung, dass nachdem die halbe Probenzeit vorüber ist, es sich anbietet ein kleines Fest zu geben und freut sich, dass alle Kollegen zugesagt haben. Da einige von ihnen mit dem Auto aus der Hauptstadt kommen, können sie die anderen mitnehmen. Selbstverständlich kommen auch Claudia und Philipp, ihre engste Freunde. Es gibt kein Fest und keinen Anlass, zu dem die beiden nicht von ihr eingeladen werden, sind sie doch in all den Jahren ihrer Freundschaft ein Teil von ihr geworden.

Hubert und Friedrich sitzen auf den Barhockern bei der Theke als Isabel das Lokal betritt.

„Na ihr zwei, habt ihr das Lokal und den Keller schon inspiziert? Guten Abend."

„Der Wein ist vorzüglich. Wünsche einen wunderschönen Abend", sagt Friedrich. Sofort betrachtet er ihren schwarzen Rock und die Strümpfe. Hubert schaut zuerst in ihr Gesicht und auf ihre Frisur. Dann begutachtet er ihr Outfit. ‚Ihr Top und ihre Jacke schauen sehr dezent aus.'

„Du siehst hinreißend aus Isabel", sagt er schließlich bewundernd.

„Danke. Also ich werde mich gleich zum Tisch setzen. Die anderen werden hoffentlich auch bald kommen."

Die beiden Herren nehmen ihre Rotweingläser und Friedrich bietet Isabel den Arm an. Sie lächelt ihn an und hängt sich bei ihm ein.

‚Alter Jäger, kannst es wieder einmal nicht lassen', denkt Hubert und geht ihnen nach.

„Ist ja entzückend gedeckt." Während Isabel überlegt wo sie sich hinsetzen soll, nähert sich der Kellner.

„Ist es so recht, Frau Cisárovná?"

„Vorzüglich."

„Darf ich schon etwas bringen?"

„Ja einen Pinot Noir, für mich bitte."

Isabel setzt sich in der Mitte der Tafel mit dem Rücken zur Wand. Hubert setzt sich gegenüber zwei Sessel rechts von ihr. Genau in dem Moment, als Friedrich zum Vorsitz am Ende des Tisches geht kommen Petra und Rita herein.

„Hallo", sagen beide gleichzeitig.

„Grüß euch", antwortet Isabel.

Hubert erhebt sich und hängt Petras Jacke auf die Garderobe.

Friedrich kommt ebenfalls auf die beiden zu und nimmt Rita bei der Hand.

„Wo willst du sitzen?"

„Hm, egal", antwortet sie ihm mit einen kessen Blick und setzt sich auf den Platz neben dem Vorsitz. Petra setzt sich schräg gegenüber von Isabel.

‚Na Friedrich, die Jüngste an deiner Seite. Jetzt bist du gefordert', denkt sich Lotte die soeben um die Ecke zum Tisch kommt. Sie lächelt beinahe schadenfroh. Da sie weiß, dass ein dummer Spruch schnell erschöpft ist, sagt sie aber lieber nichts dergleichen. „Hallo, einen schönen Abend ihr alle."

Die Männer nicken ihr nur kurz zu.

„Hallo Lotte", sagt Isabel und bietet ihr den Platz neben sich an.

Wenig später zeugt die Stimmung bei Tisch von guter Laune. Friedrich prostet Claudia über den Tisch von einem zum andern Vorsitz zu.

„Widerlich“, sagt Philipp.

„Ach was, ist doch ulkig der Typ“, sagt Claudia leise und entdeckt soeben Gabriel der herein kommt.

„Schönen guten Abend. Entschuldigt bitte, dass ich zu spät komme“, begrüßt er die Kollegen und nickt Claudia und Philipp zu .

„Komm Geburtstagskind, setz dich zu mir“, sagt Lotte.

Gabriel lächelt ihr zu und setzt sich neben sie.

„Schick dein Gilet, sehr elegant“, lobt Lotte sein Outfit.

„Danke“, antwortet Gabriel.

Isabel steht auf und nimmt ihr Glas. „Danke, dass ihr alle gekommen seid. Trinken wir auf das Geburtstagskind und auf einen herrlichen Abend.“ Sie prostet Gabriel zu.

‚Wo nur Sofie wieder so lange bleibt’, fragt sich Claudia.

Sofie kommt eilig die Straße herunter. Wie peinlich, wenn sie auch hier wieder zu spät kommt. Isabel macht sicher wieder eine Bemerkung. Plötzlich wird sie langsamer und schaut auf ihre Uhr. ‚Wieso muss ich hier pünktlich sein. Isabel soll froh sein wenn ich heute überhaupt komme. Schließlich ist es mein freier Abend und wenn Gerhard heute nicht geschäftlich zu tun hätte, wer weiß, ob ich nicht seine Gesellschaft dem Fest vorgezogen hätte.’ Noch in Gedanken betritt sie das Lokal.

Der Kellner kennt Sofie und kommt auf sie zu: „Guten Abend Sofie.“

„Hallo Fritz.“

„Dort um die Ecke findest du die anderen.“ Er deutet mit dem Kopf, während er ihr die Jacke abnimmt.

Sofie lächelt ihn dankbar an: „Danke, sehr aufmerksam.“

„Hallo Sofie“, begrüßt sie Isabel.
„Habt ihr noch einen Platz für mich?“
„Ja hier“, ruft Claudia ihr zu.
Sofie geht zu dem leeren Platz neben Claudia und setzt sich. „Claudia, Philipp, was macht ihr den hier?“
Beide blicken sie verwundert an.
„Du hast uns doch eingeladen“, sagt Philipp.
„Hab ich das? Ja richtig“, sagt Sofie etwas nachdenklich, doch sie kann sich nicht wirklich daran erinnern. Langsam gleitet ihr Blick zu Isabel.
„Sind nett deine Kollegen.“
„Ja echt“, gibt Philipp Claudia recht.
Sofie schaut die beiden Freunde verwirrt an. Sie winkt Fritz und macht eine Handbewegung. Der Kellner weiß sofort, was er seinem Stammgast bringen soll.
„Was war deine interessanteste Rolle Isabel?“, fragt Klara.
Sofie schaut irritiert zu Isabel: ‚Das kann doch nicht sein.’
„Ich denke, dass es Miss Saigon war“, antwortet Isabel.
„Du kannst auch singen?“, fragt Rita erstaunt.
„Dafür habe ich lange Unterricht genommen.“
„So wie ich fürs Klavierspielen“, wirft Sofie ein. Ihr neugieriger Blick weicht nicht von Isabel.
Hubert lacht über ihren Vergleich.
„Das ist auch schwierig“, sagt sie mit ernster Miene.
„Das wissen wir doch Sofie. Vertragt euch, es ist ein gemütlicher Abend“, will Isabel beruhigen.
Fritz nähert sich dem Tisch und stellt Sofie ihren Lieblingsrotwein, einen Pinot Noir, hin. „Bitte Sofie.“
„Danke.“
Isabel hebt ihr Glas und prostet den Kollegen und dann Claudia und Philipp zu.

„Wie hast du eigentlich deinen Mann kennen gelernt, Isabel?“, fragt Lotte.

Isabel lächelt. „Der hat oft an der Bühnentür auf mich gewartet. Er hat sich jeden Abend die Vorstellung angeschaut. Er war sehr charmant.“

„Mit Blumen und so?“, will Petra wissen.

„Ja jeden Tag. Es war mir schon peinlich.“

„Und dann?“, fragt Rita weiter.

„Ich habe ein Engagement in einer anderen Stadt angenommen und wir haben uns lange nicht gesehen.“

„Wie lange habt ihr euch nicht gesehen?“, fragt jetzt Hubert neugierig.

„Ein paar Jahre. Dann, eines Tages stand er wieder am Bühneneingang. Er war wieder sehr charmant. Sah gut aus, ja gepflegter als früher. Wir sahen uns an und so hat es angefangen.“

„So romantisch, nach all den Jahren“, schwärmt Claudia.

‚Dabei ist er doch viel zu langweilig für dich’, denkt Philipp.

„Ich weiß nicht“, sagt Lotte skeptisch zu Gabriel. „Ich habe gehört, dass Isabels Mann wesentlich älter ist als sie.“

„Sofie schaut zu Isabel, dann zu Claudia. Plötzlich spürt sie wie ihr Herz schneller schlägt. Ihr ist, als kenne sie jeden von Isabels Gedanken. Sie schaut zu Isabel und ihr Herzschlag wird wieder langsamer. Jetzt ist ihr, als würde Isabel beruhigend auf sie wirken und ihre Herzen im selben Takt schlagen. Auch ihre Gedanken scheinen sich zu treffen. Plötzlich sieht Sofie sich selbst, als würde sie sich mit Isabels Augen sehen. Noch einmal hört sie Lottes Worte und erschrickt dabei: ‚Isabel hat einen älteren Mann geheiratet! Das hast du mir angetan? Ach nein, ich selbst! Das sind ja schöne Aussichten.’

******

Am nächsten Tisch vor dem Fenster sitzen Max und Jakob bei einem Glas Rotwein.

„Ein nettes Lokal", sagt Jakob.

„Ja sehr gemütlich", antwortet Max, „obwohl es hier immer sehr voll ist, hat es doch seinen Charme."

„Ich war schon mit Kollegen zum Essen hier", sagt Jakob. „Wirklich erstklassige Küche."

„Ja ich war auch schon öfter hier", bestätigt Max während er zu der Gruppe an der langen Tafel schaut.

„Scheint ein Geburtstagsessen zu sein", meint Jakob.

„Ja stimmt", antwortet Max. „Die Torte steht in der Mitte aber die Frau auf dem Vorsitz dürfte wohl die Hauptperson sein."

„Vielleicht ist sie seine Frau. Der mit dem gestreiften Gilet wird wohl das Geburtstagskind sein", ist Jakob überzeugt.

„Kann sein." Max hebt sein Glas. Auch Jakob nimmt sein Glas und beide stoßen an.

******

Nachdem die Schauspielerkollegen und Isabel gegangen sind, ist das Lokal auch sonst schon ziemlich leer geworden. Nur einige Gäste sitzen kurz vor der Sperrstunde noch bei einem letzten Glas Wein. Claudia und Sofie lachen heiter, während Philipp aus dem Waschraum kommt.

„Ist Isabels Mann wirklich schon so alt?", fragt Claudia.

„Ich habe ihn einmal gesehen. Er ist nach Hause gekommen, als ich bei Isabel Klavierspielen geübt habe. Nur ganz flüchtig. Ich denke schon, dass er einiges älter ist als sie."

„Das möchte ich nicht haben", sagt Claudia.

„Oh, ich schon." Philipp schaut sie, von sich überzeugt, an: „Ich nehme mir auch einmal eine jüngere Frau."

„Pass auf, ob du da noch mithalten kannst“, spottet Claudia.

Sofie blickt Philipp mit zugekniffenen Augen an.

„Ist doch nur Spaß“, sagt er ruhig und sieht sie mit einem liebevollen Blick an.

Sofies Gesichtsausdruck wird weicher. Er weiß es also noch, wie sehr er sie verletzt hat.

Gaston erzählt Gigi was er mit ihr vor hat

Das Bühnenbild ist rechts so aufgebaut, dass nach der Tür zu Gigis Zimmer dieses auf einer Empore ohne Zwischenwand vom Publikum aus gesehen werden kann. Gigi liegt bereits auf dem Bett und im Zuschauerraum sitzen ein paar Reihen hinter dem Regietisch Lotte und Friedrich. Da sie in der nächsten Szene nicht mitspielen, wollen sie einwenig bei der Probe zusehen. Am Regietisch sitzen außer Isabel noch Margit die Regieassistentin und Gabriel der Souffleur.

„Bitte Sofie“, sagt Isabel.

Gigi erhebt sich vom Bett, geht ins Wohnzimmer und setzt sich zum Klavier. Während sie die Etüde spielt, läutet es an der Tür. Sie steht auf, öffnet und Gaston überreicht ihr einen Blumenstrauß.

„Komm doch herein. Sind die für mich?“, sagt sie freundlich und schaut Gaston dabei mit einem Lächeln an. Von ihr hingerissen bleibt er in der Tür stehen: „Gigi du siehst bezaubernd aus.“

„Nimm doch Platz“, sie gibt die Blumen in eine Vase.

„Ich muss mit dir sprechen“, Gaston setzt sich und wendet sich Gigi zu, die mit den Blumen in der Vase aus der Kochnische kommt. Sie stellt sie auf den Tisch, setzt sich zu Gaston und blickt ihn neugierig an. Während Gaston erzählt, was er mit ihr vor hat wird ihr Blick betroffen und ängstlich. Schließlich steht sie auf und starrt in den Raum.

„Zum Klavier, Sofie", unterbricht Isabel.

„Das hat ja wieder sein müssen", sagt Friedrich zu Lotte.

Sofie schaut erschrocken zu Isabel, dann zu Hubert und spielt weiter.

„Was, ich will das nicht!", ändert sie ihren Text, geht langsam zum Klavier, setzt sich auf den Hocker und schaut zu Isabel. Isabel verfolgt genau Sofies Mienenspiel. Sofie dreht den Kopf zum Klavier und gleich darauf zu Gaston.

„Das will ich nicht!" Sie beginnt zu heulen.

„Du sagst, du liebst mich und trotzdem willst du, dass ich mit dir ein Leben führe an dem ich kaputtgehen muss!"

Tränen laufen Gigi die Wangen herunter.

Isabel setzt sich lächelnd gemütlich hin und nimmt es Sofie nicht übel, dass sie einfach weiter gespielt hat, ohne ihre weiteren Anweisungen abzuwarten.

Erschrocken kommt Inez bei der Tür herein, stellt ihre Tasche auf die Anrichte: „Was ist denn passiert?"

Gigi läuft in ihr Zimmer hinauf und wirft sich aufs Bett.

„Was hat sie denn?", fragt Inez.

Gaston beginnt zu schimpfen und Inez weint, weil die beiden sich streiten. Schließlich verlässt Gaston die Wohnung.

‚Hoffentlich kann ich das immer so spielen', wünscht sich Sofie. ‚Es ist eine super Rolle für mich, auch wenn heute Freudentränen dabei waren.'

‚Das hast du prima gemacht. Ja so musst du es immer spielen', denkt Isabel und nimmt sich vor, dass sie das Mädchen später loben will.

Sofie und Hubert in der Kantine

„Zehn Minuten Pause!“, hallt es aus dem Lautsprecher beim Bühneneingang. Die Bühnentür wird geöffnet und Sofie läuft die Rampe herunter und biegt in den Gang der zur Kantine führt. Ihr Kleid hält sie gerafft damit ihre schlanken Beine genug Freiraum zum Laufen haben. Ihr Haar hat sie hochgesteckt, da es heute wieder sehr warm auf der Bühne ist.

Rasch ist sie in der Kantine verschwunden.

„Einen Orangensaft bitte“, sagt sie zu Paul dem Kantinenpächter.

„Kommt sofort. Sag ist dir nicht zu heiß in dem Kleid? Es muss doch möglich sein für die Probe etwas Leichteres anzuziehen.“

„Ganz meine Worte, aber keine Chance“, antwortet Sofie.

Sie setzt sich zum ersten Tisch an der Wand, da die anderen sowieso gleich in die Raucherzone gehen werden. Hier kann sie sich in Ruhe ihrem Smartphone widmen.

Paul bringt das bestellte Getränk: „Bitte sehr.“

„Danke.“

Paul geht zurück hinter die Essensausgabe. Er greift rasch nach einem Tuch und wischt die Nirostarplatte ab, der Platz muss sauber sein wenn gleich die Leute vom Haus zum Essen kommen.

Hubert betritt die Kantine und hält für Lotte und Klara die Tür auf. Er setzt sich zu Sofie und zeigt auf die Espressomaschine, so dass Paul es sehen kann.

„Ich darf mich doch zu dir setzten?“

„Hm, ja“, murmelt Sofie ohne den Blick vom Smartphon zu nehmen.

Hubert schaut noch einmal zu Paul und dann zu Sofie. Schließlich steckt sie ihr Smartphone weg.

„Wie kommst du heute mit der Probe zurecht?“, fragt Hubert.

„Ich hoffe, dass ich Isabel nicht verärgert habe. Sie hat gar nichts gesagt.“

„Wahrscheinlich war es für sie in Ordnung.“

Paul bringt den Kaffee für Hubert: „Bitte sehr.“

„Danke“, sagt Hubert. „Du bist heute sehr gut, Sofie.“

„Aber Isabel. Ich meine, nichts ist ihr recht“, beklagt sich Sofie und fühlt sich gar nicht wohl.

„Das musst du nicht so persönlich nehmen“, tröstet sie Hubert.

„Doch ich glaube schon, dass sie mich meint. Als ob sie mich quälen will.“

„Aber Mädchen, warte nur ab, was du da noch so in deinem Schauspielerleben erleben wirst.“

„Das ist nicht mein erstes Engagement“, sagt Sofie mit einem selbstbewussten Ton.

„Sie könnte in einem Mädchenpensionat unterrichten, so wie sie spricht“, sagt Hubert und entlockt Sofie damit ein Lächeln.

Na also, er nimmt sie bei der Hand. Sie zuckt zurück, lässt es aber dann doch zu.

„Du bist ja nicht allein hier. Wir bekommen doch auch unseren Teil ab.“

„Die Pause ist beendet“, sagt Karl pünktlich aus dem Lautsprecher.

„Dann wollen wir wieder“, sagt Hubert und erhebt sich von seinen Platz..

Sofie steht ebenfalls auf und zupft sich ihr Kleid zurecht.

‚So ein Fetzen’, denkt sie etwas ungerecht über das hübsche Kleid. Wohl deswegen, weil sie bei diesen Temperaturen lieber in ihren Shorts proben würde.

Das Tanzlokal nahe der Kirche

Das Tanzlokal nahe der Kirche ist ein beliebter Treffpunkt für die jungen Leute der Freistadt und aus den Ortschaften der Umgebung. Für Sofie und ihre Freunde ist es am Wochenende einer jener Orte, wo sie dem Alltag entfliehen können und einfach Spaß haben.

„Du musst eben am Sonntag früher nach Hause gehen", hatte Isabel zu Sofie gesagt, als sie mitten in einer Szene - als Klara auf sie einredete - gähnen musste. Bei ihrem Kopfschütteln erinnerte sich Isabel daran, dass wenn das jemand zu ihr gesagt hätte, sie beleidigt zur Tür hinausgerannt wäre. Es war nicht das erste Mal, dass Sofie bei so einer Gelegenheit Tränen in den Augen hatte. Sie fasste sich jedoch schnell wieder und ihr Zorn wich einem ironischen Lächeln.

‚Ohne mich wärst du nichts', sagte der an Isabel gerichtete Blick.

An nichts davon denkt Sofie, wenn sie mit ihren Freunden zum Tanzen geht.

‚Die anderen werden schon da sein, ich bin sicher wieder die Letzte und das nur, weil Philipp mich nicht abgeholt hat, so wie es ausgemacht war', ärgert sie sich, während sie das Gebäude durch das große Tor betritt.

Als sie in den Saal kommt, kann sie im düsteren Licht bei einer Sitzgruppe an der Seite Claudia, Lisa und Stefan erkennen. Sie wurstelt sich durch die Menge im Saal.

„Hallo, wo sind die anderen?", fragt sie und ist erstaunt, als Stefan Claudias Hand loslässt.

„Philipp ist mit Markus ins Spital gefahren", berichtet Lisa. „Er ist vorhin ausgerutscht. Wir hoffen, dass er sich nur den Knöchel verstaucht hat."

„Oh, der Arme“, sagt Sofie bestürzt und denkt: ‚Wieso Lisa, bist du nicht mitgefahren?‘

Claudia sieht Sofies Blick. Schnell lenkt sie die Freundin ab.

„Heute ist hier der Teufel los. Da sind einige fremde Jungs, die sind auf Exkursion hier. Ich habe schon mit einem von ihnen getanzt. Ein schüchterner Knabe.“

„Da Sofie jetzt wieder Single ist, wird sie sich heute unters Volk mischen“, flüstert Stefan zu Claudia.

„Wie du von ihr sprichst“, tadelt ihn Claudia, weil er so über ihre beste Freundin denkt. Doch sie weiß, dass er recht hat.

Sofie schaut neugierig in den Saal. Dass die Freunde hinter ihrem Rücken so über sie denken, weiß sie schon längst. Doch die Freunde wissen noch nicht, dass sie eine neue Bekanntschaft gemacht hat. Auch Claudia hat sie noch nichts erzählt, denn sie ist sich noch nicht sicher, wie sich die Beziehung mit Gerhard entwickeln wird.

‚Heute werdet ihr euer blaues Wunder erleben.‘ Neugierig betrachtet sie die Gäste und überlegt welchem der feschen jungen Männern, sie als ersten einen Korb geben wird. Na bitte, der große Schlanke an der Bar hat sie schon entdeckt. Sie sieht ihn nur kurz an, dann senkt sie die Augenlider. Sie zählt langsam bis drei, schaut zu ihm und dann auf die Seite. Entschlossen macht sich der Erwählte auf den Weg.

„Darf ich dich zu einem Tanz bitten?“

‚Zu was sonst Fremder‘, denkt sie und antwortet: „Vielleicht.“

„Vielleicht, ja?“, hinterfragt er ihre unerwartete Antwort.

Sofie steht auf und der junge Mann folgt ihr auf die Tanzfläche. Lisa, die ebenfalls gerade von einem der fremden Männer aufgefordert wird, beobachtet die Freundin als sie der Fremde gekonnt in die Drehung führt.

„Tanzen kann der“, ruft sie Claudia zu, bevor sie und ihr Partner ebenfalls loslegen.

Claudia schaut kurz hin und widmet sich gleich wieder Stefan, der gerade seinen Arm um sie legt. Sie genießt seine Nähe und will sich jetzt um nichts anderes kümmern. Erst als Sofie nach nur einem Tanz zu ihnen zurückkommt, schaut sie die Freundin erstaunt an.

„Wollte er etwa nicht mehr mit dir tanzen?“, fragt sie ironisch.

„Der wollte mich eh nicht gehen lassen.“

„Hast du ihn weggeschickt? Wieso?“

„Wer weiß, was der Abend sonst noch zu bieten hat“, antwortet sie und bedauert, dass Lisa sie jetzt nicht hören kann.

Plötzlich steht Philipp bei ihnen. Sofie blickt ihn überrascht an. Sie ist beinahe erschrocken, ja sie fühlt sich ertappt. Es tut ihr immer noch leid, dass sie ihn einfach so verlassen hat.

„Was ist mit Markus?“, will Stefan wissen.

„Ich habe ihn nach Hause gebracht. Eine Prellung, nicht weiter schlimm sagte die Ärztin. Übrigens eine sehr attraktive Frau.“

„He, so spricht man nicht in der Gegenwart von anderen Damen“, beschwert sich Claudia.

Sofie ist das egal. Sie schaut noch immer zu Philipp. Sein treuer Blick lässt hier an diesem Abend sowieso keine weitere Aktion mehr zu. Ob er mit ihr Tanzen will? Die Nacht wird die Antwort bringen.

10. Kapitel

Eine ungeduldige Kostümprobe

Sofie steht vor dem Spiegel und die Kostümschneiderin sitzt hinter ihr auf einem Stuhl und schnürt das Kleid zu. Sofie betrachtet die kesse Person, die ihr entgegenschaut.

‚So möchte ich sonst wirklich nicht herum laufen', denkt sie.

„Ach, hier hält eine Naht nicht", seufzt Gerda. „Du musst es bitte ausziehen, da muss ich noch einmal darüber nähen."

‚Jetzt dauert das noch länger.' Diese Kostümproben sind einfach zu öde. Klamotten in einer Boutique probieren, macht ihr mehr Spaß, als hier herumzustehen, ohne zu wissen, wann man sich wieder bewegen darf.

„Okay." Sie schlüpft unwillig aus dem Kleid.

„Ich brauche ein paar Minuten." Gerda nimmt ihr das Kleid ab.

„Bin gleich wieder da." Sofie huscht zur Tür hinaus. Eilig geht sie die Stiege hinunter und nimmt den Weg zur Kantine. Hubert und Margit stehen an der Bühnentür doch Sofie achtet nicht auf die beiden. Hubert schaut ihr mit großen Augen nach und Margit schüttelt den Kopf. Das ist selbst am Theater zu freizügig. Wie kann man nur mit einem Slip und einem so kurzem T-Shirt bekleidet außerhalb des Garderobenbereiches herumlaufen. Doch für Sofie ist es ganz normal. Wenn die Temperatur es zulässt, geht sie auch durch die Stadt nur leicht bekleidet. Sie denkt nicht darüber nach, dass sie dabei einen lasziven Eindruck macht. Es ist ihr einfach egal.

Hubert fasst sich wieder, als er den Blick von Margit bemerkt.

„Eine sehr attraktive Frau“, sagt Friedrich, als er sich ihnen nähert. Sofie verschwindet hinter der Kantinentür und Margit geht zum Büro. Sie muss sich nicht länger anhören, dass sich die Männer mit Freude über das freizügige Verhalten der jungen Schauspielerin unterhalten.

Schnell trinkt Sofie ihren Orangensaft aus.

„Ich zahle später“, sagt sie zu Paul.

„Ist schon recht“, antwortet er.

Wie soll sie jetzt auch. Es ist ihm nicht entgangen, wie leicht bekleidet sie zur Tür herein gekommen ist und sich an die Theke setzte.

Sofie rutscht vom Hocker und geht. Paul schaut ihr nicht nach. Er will nicht, dass Karl und Gabriel, die am Tisch beim Fenster sitzen es bemerken würden.

„Uff, geschafft. Das Kleid jeden Tag zuschnüren wird eine große Aufgabe.“ Gerda steht der Schweiß auf der Stirn.

‚Und eine lange Warterei’, denkt Sofie. „Kannst du denn keinen Zippverschluss einnähen?“

„Das will Isabel nicht“, antwortet Gerda.

Wenn Isabel das nicht will, besteht auch keine Chance, später das Kleid umzunähen. Andere Regisseure verabschieden sich nach der Premiere und verschwinden von der Bildfläche, aber Isabel wird immer hier sein, so wie Sofie auch immer hier sein wird.

Sofie setzt sich den Hut auf und das kleine Mädchen ist fertig. Der neugierige Blick in den Spiegel verwandelt sich in ein Lächeln. Ja, sie findet es lustig diese Rolle zu spielen. Diese Unschuld, das Naive und die Neugier. Dann die Wut und letztlich die Freude beim Happyend. All das, was ihr im Leben schon begegnet ist.

‚Nur das Happyend, ich weiß nicht, ob ich das noch erleben werde', denkt sie und spielt mit den Bändern am Kragen. Sie setzt sich auf den Stuhl und dreht sich hin und her. Sie fragt sich schließlich, ob sie momentan vielleicht doch glücklich ist, so wie es ist oder ob sie sich gerade in ihrer Rolle befindet. Schließlich senkt sie den Blick und Gerda kommt zur Tür herein. Sofie hat gar nicht bemerkt, dass sie hinaus gegangen war.

„Und wie fühlt es sich an?", fragt Gerda.

„Besser als ich dachte." Sofie weiß aber, dass sie das sicher an keinem der Vorstellungsabende sagen wird, so unbequem wie das enge Kleid anzuziehen ist.

Eine schlimme Sache für Sofie

Mit schweren Taschen in den Händen verlässt Max das Einkaufszentrum. Nicht gerade praktisch für Leute, die nicht mit dem Auto fahren, liegt das Areal mit den verschiedensten Einkaufsmärken am Rande der Stadt. Max geht die Fahrbahn entlang bis zu der nächsten Bushaltestelle an der Bundesstraße. Schließlich nähert er sich der Kreuzung und sieht ein kleines Mädchen in ein Auto einsteigen. Da er weder das Mädchen noch den Fahrer kennt, denkt er sofort, dass Kindern immer wieder gesagt wird, dass sie nicht mit fremden Personen mitgehen und nicht in ein fremdes Auto einsteigen sollen.

‚Vielleicht ist es ihr Vater oder sonst ein Verwandter', denkt er schließlich und will es sofort vergessen.

Der Autobus fährt pünktlich in die Station ein. Max lässt zwei Mädchen aussteigen und setzt sich dann mit seinen Taschen auf zwei freie Plätze. Schräg gegenüber sitzt ein gutaussehender Mann Ende Zwanzig, vielleicht auch älter.

‚Ein Typ auf den die Frauen fliegen wie die Motten ins Licht. War wohl nichts mit den beiden, die eben ausgestiegen sind', denkt Max.

‚Oje, hat dich deine Frau zum Einkaufen geschickt', spottet der Fremde innerlich während er Max so betrachtet. Er verbeißt sich ein Schmunzeln: ‚So will ich nicht enden.' Er dreht den Kopf weg und widmet seinen Blick der Frau, die auf dieser Seite sitzt. Sie sieht ihn ebenfalls an.

‚Na bitte', denkt Max. ‚Die Nächste, die heranflattert.'

******

Sofie holt schnell die Kerzenleuchter vom Speisezimmer und eilt damit die Treppe hinauf. Den Tisch in ihrem Zimmer hat sie feierlich gedeckt, mit den Leuchtern ist er nun perfekt. Der Abend heute mit Gerhard soll besonders romantisch werden. Sie kennen sich seit drei Wochen, doch jetzt ist sie sich ganz sicher, dass sie ihn wirklich gern hat und dass sie mit ihm eine innige Beziehung eingehen will. Sie schätzt es sehr an ihm, dass er sie nicht weiter gedrängt hat, als sie ihm gesagt hat, dass sie noch Zeit braucht, damit noch warten möchte; dass sie sich noch besser kennen lernen wollen und dass sie sich darauf noch freuen können. Sonst denkt sie gar nicht so konservativ, aber sie hat Gerhard sofort für einen besonderen Mann gehalten.

So, jetzt ist alles fertig. Sofies Augen leuchten, sie kann es kaum erwarten, bis Gerhard kommt. Da Konstanze ein paar Tage zu einer Freundin gefahren ist, hat sie Julian frohen Herzens erlaubt bei seinem Freund Rudi zu übernachten. Claudia hat sie vorsichtshalber Bescheid gesagt. Von den anderen Freunden wird sich so spät am Abend keiner mehr bei ihr melden, auch wenn sie sich wundern werden, dass sie nicht mit zum Tanzen geht, da sie ja zur

Zeit keine Vorstellung spielt. Doch Claudia wird ihnen bestimmt nichts verraten.

Die Türglocke gibt den ersehnten Ton von sich. Sofies Herz klopft schnell. Sie hält kurz inne bevor sie zur Tür läuft und muss kurz lachen, als sie bemerkt, dass sie sich wie Gigi verhält. Nun läuft sie hinaus und die Treppe hinunter. Die letzten Meter zu der Haustür wird sie langsamer, sie will doch nicht außer Atem die Tür öffnen. Nein, so viel Freude darf man einem Mann nicht zeigen. Sie will so etwas überhaupt nicht zugeben und bemüht sich einen ernsten Blick zu machen. Langsam öffnet sie die Tür und lässt sie nicht los, als würde sie sich festhalten um Gerhard nicht sofort um den Hals zu fallen. Ihre Augen haften wie ein Magnet an den seinen.

„Guten Abend Sofie“, sagt Gerhard und überreicht ihr einen Rosenstrauß.

„Sind die schön“, antwortet sie.

Mit den Rosen in der Hand umarmt sie ihn und ein inniger Kuss folgt.

„Komm herein, und gib mir deinen Mantel.“

Gerhard zieht seinen Mantel aus und Sofie wirft ihn über den Arm mit den Rosen.

„Warte hier, ich hänge ihn in die Garderobe und hole eine Vase.“

Sie verschwindet in einem Raum neben der Haustür. Gerhard schaut sich in dem großen Vorraum um. So ein Haus kennt er sonst nur aus Filmen. Obwohl er mit seinen fünfunddreißig Jahren schon in einigen Häusern zu Gast war, so eines hat er noch nicht gesehen. Sofie kommt mit den Rosen zurück.

„Ich muss noch kurz in die Küche, dann können wir hinaufgehen.“

Gerhard schaut sie verwundert an. Sie will gleich hinaufgehen? ‚Schau an Mädchen.' Seine Augen bekommen einen Glanz. Sofie bringt die Vase mit den Rosen aus der Küche.

„Kannst du sie bitte mitnehmen, ich muss noch etwas holen."

Sie geht noch einmal in die Küche und kommt mit einem Tablett zurück. Die Teller sind mit Metallhauben zugedeckt.

„Ich dachte wir essen oben."

Sie bemerkt seinen verwunderten Blick.

„Ich bin es so gewöhnt, ich halte mich meistens oben auf."

Er lacht. „Du bist bezaubernd."

Sie lächelt und geht vor ihm die Treppe hinauf. Er folgt ihr mit der Vase in den Händen und betrachtet ihren Po.

„Hat hervorragend geschmeckt, echt herrlich."

„Danke", antwortet sie und mit einem freundlichen Blick verbeißt sie sich ein Lächeln, weil sie sich an den Folder des italienischen Restaurants mit Zustelldienst erinnert. Dass sie vom Kochen keine Ahnung hat, muss keiner sofort wissen.

„Noch Wein?" Sie hebt die Flasche und Gerhard reicht ihr sein fast leeres Glas.

„Auf diesen schönen Abend", sagt er als sich ihre Gläser berühren.

„Und auf die Köchin des Tages", ergänzt sie.

Sie senkt kurz den Blick. ‚Nicht so ungeniert Sofie', ermahnt sie sich und beide trinken ihr Glas leer.

„Sofie...", beginnt Gerhard.

Sie legt ihren Zeigefinger an ihre geschlossenen Lippen und sie blicken sich in die Augen. Während sie sich so ansehen und sie glaubt, ihm nicht mehr wiederstehen zu können, küsst er sie zärtlich. Schließlich steht sie auf, bläst die Kerzen aus, nimmt ihn an der Hand und führt ihn zu ihrem Bett. Sie wirft die Decke zurück und sie lassen sich auf das Bett sinken. Das Zimmer ist dunkel, nur durch einen Spalt im Vorhang ist der Vollmond zu sehen. Es fällt gerade so viel Licht herein, dass Gerhard ihre nackten Schultern erkennen kann und wie sie ihr Haar öffnet. Er küsst sie und drückt sie in das Kissen. Bevor sie seinen Kuss erwidern kann, bemerkt sie, dass sein Verlangen ihr gegenüber plötzlich in eine zügellose Begierde wechselt. So, wie ein wildes Tier sich über sein Opfer stürzt, so, wie eine Fledermaus ihre Beute in ihren Fängen hält, gibt es kein Entkommen für sie.

‚Merkst du den nicht, dass ich noch..., dass ich Zärtlichkeit brauche?', ruft sie still. Doch der Hilferuf wird schon im Gedanken erstickt. Gelähmt ist ihre Stimme hinter ihrem geöffneten Mund. Ihr Wunsch nach der erwartenden Zärtlichkeit verändert sich in eine Starre, einen Blick ins Leere. Sie sieht nichts mehr um sich. Sie weiß nicht mehr wo sie ist und sie spürt nicht mehr den Schmerz, der schlimmer ist als alles, was sie je an Schmerzen in ihrem Leben empfunden hat. Bis schließlich das Nichts doch eine Form annimmt, eine schwarze unendlich scheinende Tiefe. Sie kann nichts mehr denken. Sie hat sich selbst verloren. Wo und wodurch wird sie sich wieder finden? Ob sie nur träumt und gar nicht hier ist? Nein, die Tiefe ist unüberwindbar für sie.

Die Ewigkeit, die nicht enden will, lässt das Zimmer noch dunkler erscheinen. Vielleicht ist es auch, weil das Mondlicht nicht mehr ins Zimmer scheint. Gerhard liegt ruhig neben Sofie. Er bemerkt nicht, dass sie am ganzen Körper zittert. Gegen diese Kälte muss sie etwas unternehmen. Vorsichtig versucht sie aufzustehen. Plötzlich dreht sich

Gerhard zu ihr. Erschrocken rutscht sie weiter zum Bettrand hin.

„He mein Schatz.“ Er greift nach ihr.

„Es wäre besser, wenn du jetzt gehst“, sagt sie gefasst. Nein, er wird es nicht noch einmal versuchen.

„Warum denn jetzt schon? Ich kann doch auch in der Früh gleich von hier zur Arbeit fahren. Oder hast du kein Frühstück im Haus?“

‚Ist das denn zu fassen? Der macht noch Witze!’, denkt sie fassungslos.

„Sehr witzig. Nein, ich muss früh raus.“

‚Mann geh´ doch’, schreit es in ihr und es schreit noch immer, auch als er das Zimmer schon verlassen hat und die Haustür ins Schloss gefallen ist.

Ein außergewöhnlich ruhiger Samstag

Im Zimmer ist es bereits hell geworden und Sofie erwacht aus einem tiefen ruhigen Schlaf. Sie gähnt und streckt die Hände. Sogleich kommen die Gedanken an den gestrigen Abend wieder und sie wird traurig. Die aufsteigenden Tränen werden von der Wut eingefroren.

‚Der Scheißkerl’, denkt sie. Wenn sie, nachdem er weg war, nicht sofort aufgesprungen wäre, um sich zu überzeugen, dass er wirklich gegangen ist, hätte sie nicht einschlafen können. Sie hat keinen Winkel des Hauses ausgelassen um nachzusehen, ob er nicht noch einmal zurückgekommen ist. Erst nach einer langen Dusche und nachdem sie das Bett frisch überzogen hatte, war sie wieder zu Ruhe gekommen.

Sie entdeckt am Tisch die Kerzen mit den Wachstränen, die erstarrt sind, wie ihre Gefühle für Gerhard. Das Licht ist erloschen, wie ihre Liebe.

Dann fällt ihr Blick auf die Anrichte mit den Rosen in der Vase.

‚So ein Heuchler', denkt sie. ‚Die müssen auch hinaus.' Sofie steigt aus dem Bett. Im dünnen Nachthemd und barfuss, nimmt sie die Vase mit den Rosen, geht hinaus und rasch die Treppe hinunter. Unten angekommen überlegt sie, was sie mit ihnen machen soll. Hinaus ins Freie will sie im Nachthemd nicht gehen.

‚Ich könnte sie für Konstanze ins Esszimmer stellen. Ja, das mache ich. Konstanze wird sich wundern. Frag mich bloß nicht woher sie sind! Vielleicht hat sie ein Verehrer für sie abgegeben.' Sofie selbst werden sie dort nicht stören, nicht mehr als Konstanze selbst.

Erleichtert kommt Sofie in die Diele zurück und dann ins Wohnzimmer. Sie lässt sich auf die Couch fallen und zieht die Knie zu sich hoch. Wäre Julian jetzt hier, er hätte sie mit seinen Späßen schon abgelenkt, doch jetzt muss sie den Platz auf der Couch mit ihren Tränen teilen.

Das Knäckebrot ist mit Cervais bestrichen, einsam liegt es auf dem Teller. Sofie betrachtet es eine Weile. Schließlich nimmt sie den Teller und geht ins Esszimmer und setzt sich zum Tisch. Nach einer Weile steht sie wieder auf und holt heiße Schokolade aus der Küche. Wieder betrachtet sie das Brot auf dem Teller. Widerwillig macht sie den ersten Bissen und kaut eine Weile daran. Währendessen schaut sie auf die Rosen. Schließlich gelingt es ihr hinunter zu schlucken.

‚Na geht doch, stell dich nicht so an', sagt sie zu sich.

Nachdem sie die Schokolade leergetrunken hat, geht sie in die Küche und räumt das Geschirr in den Geschirrspüler. Anschließend geht sie in ihr Zimmer hinauf. Das Smartphone läutet, Sofie erschrickt. ‚Es wird doch nicht...' Sie liest den Namen und drückt ihn weg. Das Herz schlägt ihr bis zum Hals. Sie fasst sich wieder und überlegt, wie sie sich das ersparen kann. Schließlich vergibt sie der Nummer einen neuen Namen. Ein einfaches ‚Nein' mit einem Gänsefüßchen davor. So kann sie auch nicht so leicht in ihrer Kontaktliste darüber stolpern.

Der schmale Weg am Rande des Grundstücks führt zu einer kleinen Tür im Zaun. Sie ist nur mit einem Draht umständlich gesichert. Sofie weiß, wie sie den verbogenen Riegel öffnen kann. Früher ist sie oft über diesen Weg unbemerkt verschwunden. Er führt den Waldrand entlang, hinauf ins Gebirge über der Stadt. Sofie spaziert den Waldweg entlang, bis zu einer Lichtung. Dort setzt sie sich auf einen Baumstumpf und schaut über die Stadt. Die Sonne lacht ihr entgegen und sie genießt die leichte morgendliche Brise, die so sanft über ihr Gesicht bläst, als würde sie Sofie liebevoll streicheln.

‚He, es ist doch so schön hier', denkt sie und überlegt, was sie noch unternehmen könnte. Mit den Freunden will sie sich heute nicht treffen. Zu Claudia hat sie gesagt, dass sie den Tag mit... - sie kann gar nicht, nein sie will nicht an diesen Namen denken. Ob sie doch vielleicht Florian und Doro besuchen soll? ‚Die werden sicher schon etwas vor haben. Aber anrufen könnte ich sie', denkt sie und dabei fällt ihr ein, dass sie gar nichts mitgenommen hat, ja nicht einmal die Schlüssel! Sofie steht auf und geht den Weg zurück, den sie gekommen war.

„Hallo Florian, ja Sofie."

„Hallo Sofie, schön dich zu hören. Wie geht es dir?"

„Ach, es geht so und euch?"

„Doro hat den Job bekommen, du weißt schon, im Friseursalon."

„Ja, sie hat mir davon erzählt“, antwortet Sofie. „Das muss aber schon lange her sein. Was macht ihr so?“

„Wir besuchen heute Doros Bruder und seine Freundin, wir sind zum Mittagessen eingeladen. Sie haben eine neue Wohnung. Doro ist schon sehr neugierig.“

„Kann ich verstehen“, sagt Sofie etwas traurig. „Na dann viel Spaß“, sagt sie freundlich, damit ihr Bruder ihre Traurigkeit nicht bemerkt.

„Wie geht es dir denn wirklich?“, fragt dieser jedoch, denn auch er kennt seine Schwester genau. „Du hast Kummer.“

„Hm, ja. Nein, es ist nichts.“

„Sag schon, es ist dann leichter“, lässt Florian nicht locker.

‚Wenn der wüsste.‘ „Ich hatte“, sie macht eine Pause. „Ich hatte einen neuen Freund, aber es war nichts“, sagt sie schnell heraus.

„Das tut mir leid für dich“, will Florian die Schwester trösten.

„Es ist schon gut wie es ist. Dem weine ich keine Träne nach.“

„Ja dann schaut es ja nicht so schlecht aus. Mädchen es ist Samstag. Die jungen Männer stehen doch Schlange bei dir.“

„Ja manchmal.“ Sofie seufzt.

„Also dann, einen schönen Tag“, sagt Florian ohne sie verabschieden zu wollen, aber er hat es schon eilig, weil er Doro noch abholen muss.

„Danke, grüß Doro von mir.“ Eigentlich ist alles gesagt. „Tschüss.“

„Tschüss Sofie.“

Sie legt das Smartphone neben sich aufs Bett und schaut sich im Zimmer um. Irgendetwas muss ihr doch einfallen. Schließlich gleiten ihre Blicke auf ihr Textbuch.

‚Na ja, damit könnte ich ja einmal den Tag beginnen.'

In der Fußgängerzone herrscht ein reges Treiben an diesem Samstagvormittag. Das Wetter scheint ideal fürs Einkaufen zu sein. Lisa winkt Claudia von Weitem zu und sie treffen sich am Brunnen.

„Hey", begrüßt sie die Freundin.

„Hallo, wo gehen wir zuerst hin?", fragt Claudia.

„Ich muss im Drogeriemarkt einige Sachen besorgen, aber dort können wir auch später hingehen", antwortet Lisa.

„Ich könnte eine neue Handtasche brauchen", sagt Claudia.

„Gut, gehen wir zuerst zum Taschengeschäft."

„Kommt Sofie heute nicht mit?", fragt Lisa.

Claudia ist auf diese Frage vorbereitet. Sie weiß, dass Sofie den Vormittag mit ihrem neuen Freund verbringen wird und dass er später noch arbeiten muss. Sie hat ihr versprochen den anderen nichts zu sagen: „Sie trifft sich heute mit Florian und Doro."

Für Lisa ist das eine plausible Antwort. „Sofie hat wenigstens Geschwister."

„Aber auch keine Eltern mehr", antwortet Claudia bedacht, beinahe traurig.

„Ja das schon, traurig in diesem Alter und erst für ihren kleinen Bruder. Ob sich die Geschwister mit ihrer Stiefmutter gut verstehen?", meint Lisa.

„Bloß nicht fragen!", sagt Claudia. „Sofie kann sie nicht ausstehen. Sie will sie immerzu belehren und hat immer eigenartige Ansichten."

Lisa muss lachen: „Ich stelle mir gerade vor, wie alle drei den Kopf schütteln."

„Das hat Sofie wirklich getan als Konstanze, nachdem der Vater gestorben ist, bei Florian eindeutige Versuche unternommen hat“, erzählt Claudia.

„Was, wirklich?“, Lisa ist entsetzt.

Erst der Vater, dann der Sohn, hat Sofie damals zu Claudia gesagt. Ob sie Lisa besser nichts gesagt hätte. Claudia beißt sich auf die Lippen. Hoffentlich hält Lisa den Mund.

Sie kommen zu dem Taschengeschäft und schauen in die große Auslage.

„Na, die hat doch was“, Lisa deutet auf eine violette Tasche mit großen weißen Ringen als Henkeln.

Claudia hebt mit einem grimmigen Blick die Schultern.

„Naja, du hast recht“, sagt Lisa und denkt, dass sie nach dem konservativen Geschmack ihrer Freundin keine Tasche aussuchen wird.

„Komm“, sagt Claudia und sie gehen ins Geschäft.

Sofie stürzt bei der Tür ihres Zimmers herein: „Oh!“ Nach einer kurzen Pause fragt sie:

„Großmutter, kann ich eine heiße Schokolade bekommen?“

Sofie lässt sich aufs Sofa fallen und wirft das Textbuch auf das Bett.

Nein, so macht das Lernen heute keinen Spaß. Es ist keine Klara da um das nächste Stichwort zu geben. Schließlich geht sie ins Bad, schaut in den Spiegel und nimmt die Bürste. Sie beginnt langsam ihr Haar zu kämmen. Bei jedem neuen Ansatz mit der Bürste wird sie unruhiger und die Wut presst ihr die Tränen heraus.

„Du Scheißkerl, warum hast du das gemacht?“, ruft sie ihrem Spiegelbild entgegen und sinkt auf den Boden nieder. Als sie sich wieder fasst, gibt es nur einen Gedanken. Sie muss hinaus, raus aus dem Haus, egal wohin.

‚Ja ich schnappe mir das Cabrio und fahre einfach weg. Schaue mir die Gegend an und kaufe mir etwas Schickes in der nächsten Stadt'. Sie bindet sich das Haar zu einem Knoten zusammen, schnappt sich ihre Tasche und ein Kopftuch. Eilig läuft sie in das Arbeitszimmer hinunter. In der Schreibtischlade sucht sie nach dem Autoschlüssel.

‚Wo ist er denn nur.' Sie hat schon die ganze Lade durchsucht und nur den Schlüssel von der Limousine gefunden. Oh nein, Konstanze wird doch nicht mit dem Cabrio zu ihrer Freundin gefahren sein. Rasch zieht sich Sofie ihre rubinroten Turnschuhe an, bindet sie mit den weißen Schuhbändern zu und läuft eilig aus dem Haus zur Garage.

Tatsächlich, da steht Konstanzes Kleinwagen. ‚Auch das noch. Den Schlüssel hat sie sicher mitgenommen.' Sofie ist verzweifelt. Die Limousine hat Konstanze ja unbedingt abmelden müssen.

„Kind bedenke was das kostet. In der Stadt kann man alles gut zu Fuß erreichen“, hatte sie ihr geantwortet, als Sofie meinte, dass es praktisch wäre, das Auto fahrbereit zu haben.

„Mach du erst einmal deine Ausbildung zu Ende. Wenn du dein Geld selbst verdienst, wirst du es dir für notwendigere Dinge einteilen“, antwortete Konstanze.

Ob der Wagen überhaupt anspringen würde? Sofie hat eine Idee. Sie geht ins Haus zurück, nimmt ihr Smartphone aus der Tasche und sucht in ihrer Kontaktliste. Georg hat seine Werkstatt unten an der Hauptstraße, er kann ihr sicher helfen.

„Georg, grüß dich“, begrüßt sie den alten Bekannten.

„Bist du es Sofie, ich glaube es nicht. Das ist eine Überraschung.“

„Ich wollte einmal Hallo sagen und, ja ich habe ein kleines Problem.“

Georg hört ihr gespannt zu, was sie von ihm brauchen könnte.

„Ja, Probekennzeichen habe ich da, aber ich denke, dass die Batterie leer sein wird, oder dass sie überhaupt schon hinüber ist."

„Oje."

Georg hört ihre Enttäuschung, doch sie kennen sich so gut, dass er sie noch etwas hinhält.

„Lass mich einmal kurz überlegen."

Plötzlich wartet sie gespannt.

„Wenn du genug bei Kräften bist, um zu Fuß zu mir herunter zu kommen..."

„Ja?" Die Neugier verdrängt ihr in diesem Moment jeden Kummer.

„Ich hätte ein schickes Cabrio unter den gebrauchten Autos. Das könnte ich dir leihen."

„Du bist ein Schatz, ich fliege hinunter", antwortet sie begeistert.

„Tschüss."

******

Die Werkstatt an der Straße hat auch schon bessere Tage gesehen. Aber auch wenn sie jetzt nur mehr ein Einmannbetrieb ist, hat sie noch ihre Stammkunden. Jakob holt gerade seinen Wagen ab, als Max von dem Tabakladen kommend über die Straße geht.

„Servus Max", begrüßt ihn Jakob. „Kann ich dich mitnehmen?"

„Danke, sehr nett von dir. Du wirst sicher einen anderen Weg haben", antwortet Max.

„Ja, ich hole meine Freundin ab, aber ich kann dich zuhause absetzen."

„Lieb von dir, ich gehe ganz gerne noch etwas zu Fuß."

Max schaut ihm noch nach, als Jakob davonbraust. So ein Cabrio hätte Max früher auch gerne gehabt.

******

„Cooler Wagen“, sagt Sofie als ihr Georg das Cabrio zeigt.

„Die Nummernschilder sind schon dran. Es ist auch genug Sprit drinnen, fürs Erste. Du kannst den Wagen bis am Sonntagabend fahren. Den Schlüssel wirf mir dann bitte in den Briefkasten.“

Sofie nimmt Georg den Schlüssel aus der Hand.

„Das ist super lieb von dir, danke“, sagt sie als hätte er ihr den Wagen geschenkt.

„Aber ist doch klar. Gute Fahrt, Sofie.“

Plötzlich läutet das Smartphone in Sofies Tasche. Sie schaltet das Gerät ganz ab, nimmt ihr Kopftuch aus der Tasche und bindet es sich unter dem Kinn zusammen. Jetzt noch schnell die Sonnenbrille aufgesetzt und schon steigt sie ein.

„Danke“, sagt sie noch einmal zu Georg, der nicht wissen kann, wie sehr sie ihm in diesem Moment dankbar ist. Er schaut ihr nach und sieht wie sie davonbraust und ihm noch kurz zuwinkt.

Ein einsamer neuer Freund

Über den Güterweg zu fahren ist auf jeden Fall angenehmer, als eilig auf der Bundesstraße dahinzubrausen. Isabel fährt gemütlich zwischen den Feldern und den Weingärten dahin. Sie hat heute genug Zeit, einmal ohne Eile einige Besorgungen zu machen, ohne dass jemand auf sie wartet, oder dass sie irgendwo zu spät kommen könnte. Sie hofft nur, dass Max wirklich nichts dagegen hat, wenn sie an ihrem freien Samstag ohne ihn Besorgungen macht. Es sei ihm sogar lieber, sagt er jedes Mal zu ihr, wenn sie sich verabschieden. Für Isabel ist es manchmal wirklich angenehmer ohne ihrem treuen Ehemann, der sie abgöttisch liebt und auf Händen trägt, unterwegs zu sein.

„Max, manchmal glaube ich, du siehst deshalb den Boden nicht mehr, weil du damit so beschäftigt bist“, hatte sie einmal zu ihm gesagt.

„Soll ich etwa unfreundlich zu dir sein, wäre dir das lieber?“, antwortete er ihr auf die für ihn so unverständliche Aussage.

Sie schaute ihn nur an, war ganz still, so wie eine Puppe, so als hätte sie jemand abgeschaltet.

Seither sagt sie nichts mehr und genießt seine Fürsorge.

Isabel erreicht die Stadt. Hoffentlich ist heute im Einkaufszentrum nicht so viel los. Sie steuert auf den ersten Parkplatz, den sie entdecken kann zu und kurz darauf verschwindet sie in der großen Boutique.

Sofie fährt die Landstraße entlang und ihr Kopftuch flattert im Fahrtwind. Sie genießt die Fahrt im Wind und fühlt sich frei wie ein Vogel. Auf dem Beifahrersitz steht eine Tasche von dem Geschäft, in dem sie sich in der südlich gelegenen Einkaufsstadt etwas gekauft hatte. Da sie kein weiteres Ziel hat, will sie die Gegend ein wenig erkunden und entschließt sich in einen Feldweg einzubiegen. Schließlich kommt sie an eine Pferdekoppel und hält an.

‚Der Hengst ist ein schönes Tier‘, denkt sie und steigt aus dem Wagen. Das Pferd setzt sich in Bewegung um seine Besucherin zu begrüßen. Sofie nimmt die Sonnenbrille ab, hält dem Hengst ihre Hand hin und er beginnt sie mit seinen Nüstern zu erkunden.

„Du bist ein ganz ein Braver. So ein schönes Pferd.“ Am liebsten würde Sofie aufsteigen und losreiten, doch sie untersagt sich ihren kühnen Wunsch, heute hat sie genug Pferdestärken unter der Haube.

„Bist du hier auch so ganz allein." Sie streichelt liebevoll das Tier und bemerkt, dass ihr das auch ganz gut tun würde.

„Ich muss gehen", sagt sie nach einer Weile zu dem Hengst.

Während sie von ihm weggeht, galoppiert auch das Pferd davon. Dann bleibt es plötzlich stehen und Sofie schaut noch einmal zu ihm hinüber, während sie ins Auto steigt. Das Pferd atmet tief ein und schüttelt die Mähne.

„Machs gut mein Freund", sagt sie.

Der Hengst senkt seinen Kopf, dann wendet er sich um und galoppiert weiter. Sofie fühlt, als hätte sie sich von einem guten Freund verabschiedet.

Es ist schon dunkel, als Sofie die Auffahrt zum Haus hinauffährt. Es war wirklich sehr lieb von Georg ihr den Wagen zu leihen. So ist sie doch etwas hinausgekommen. Ob Julian heute schon zurückkommt oder noch eine Nacht bei Rudi bleibt? Daran kann sich Sofie nicht erinnern. Als sie das Haus betritt, stellt sie fest, dass er nicht da ist. Sie geht in ihr Zimmer hinauf, stellt die große Tasche von der Boutique auf das Sofa und schlüpft aus ihren Turnschuhen, ohne vorher die Schuhbänder aufzuschnüren.

Im Badezimmer rauscht das Wasser in der Dusche und auf dem Tisch in Sofies Zimmer läutet das Smartphone. Sofie kann es nicht hören und es verstummt, weil sich die Sprachbox einschaltet. Sofie schlüpft in den Bademantel und wickelt ihr Haar mit einem Handtuch zu einen Turban. Während sie in ihr Zimmer geht, läutet das Smartphon wieder. Sofie überlegt es anzunehmen, während sie den

Namen ihrer besten Freundin auf dem Display liest. Da sie Claudia nicht enttäuschen will hebt sie gefasst ab.

„Sofie, endlich. Was ist denn los mit dir?“, fragt die Freundin vorwurfsvoll, aber auch besorgt.

Sofie schluckt die aufsteigenden Tränen hinunter.

„Es geht mir gut, ich bin zuhause“, sagt sie ruhig, als ob ihr hierher kein Unheil der Welt mehr folgen könnte.

„Du hast dich den ganzen Tag nicht gemeldet. Du wolltest mir doch von Gerhard erzählen. Ich habe mir schon solche Sorgen gemacht und habe schon bei den anderen nachgefragt, ob sie etwas von dir wissen. Du hast doch erzählt, dass Gerhard am Nachmittag arbeiten muss. Oder ward ihr den ganzen Tag zusammen?“

Bei diesem Namen läuft Sofie der kalte Schauer über den Rücken.

„Lieb von dir, aber... ich konnte nicht“, antwortet Sofie zitternd.

„Ach, wenn du jetzt nicht darüber sprechen willst reden wir ein anderes Mal.“

„Ja“, sagt Sofie leise mit einem starren Blick ins Nichts.

„Sofie?“

„Ja.“

„Ist wirklich alles in Ordnung?“, fragt die Freundin mit neuerlicher Besorgnis.

„Ich war mit dem Wagen unterwegs und habe mir etwas Schickes gekauft.“

„Toll“, sagt Claudia und denkt wie Sofie das macht, dass sie sich immer neue Klamotten kaufen kann, wo sie doch erst seit kurzem wieder am Theater arbeitet.

„Bis morgen Sofie, gute Nacht.“

„Gute Nacht.“ Sofie lässt das Smartphone sinken und legt es schließlich auf den Tisch zurück.

Sie setzt sich auf das Sofa, zieht die Beine zu sich herauf und umschließt sie mit ihren Armen. Dann schaut sie aus dem Fenster in die finstere Nacht. Schließlich legt sie den Kopf auf ihre Knie und bitterliche Tränen geben ihrer Seele Hoffnung auf Ruhe für den Rest der Nacht. Etwas später geht sie mit ihrer Decke die Treppe hinunter. Im Wohnzimmer wirft sie die Decke auf die Couch und schaltet den Fernseher ein. Sie schlüpft unter die Decke und zieht sie fast über den Kopf. Gut, dass sie so keiner sehen kann. Allein im Haus hätte sie heute Nacht nicht in ihrem Zimmer schlafen können.

******

Das Licht der Straßenlaterne fällt durch einen Spalt zwischen den Vorhängen auf den Lehnsessel. Max ist eingenickt und sein Buch ist auf den Boden gefallen. Er schreckt auf, schaut verwirrt um sich und er spürt wie eine Träne über seine linke Wange läuft. Er wischt sie weg und besinnt sich, worüber er sich gerade so aufgeregt hat. Warum ist das passiert? Warum konnte ich das nicht verhindern? Er steht auf und versucht sich im Dunkeln zurecht zu finden. Er erreicht die Stehlampe und greift mit zittriger Hand nach der Schalterschnur. Das Licht der Stehlampe erhellt das Zimmer nur schwach. Max dreht sich eilig um und geht geradewegs zu der Kommode. Als er über das Buch steigt, welches er im Schlaf fallen ließ, bemerkt er dieses nicht. Bei der Kommode angekommen, greift er sogleich nach dem Bild und hebt es hoch um es besser betrachten zu können. Er hält es mit beiden Händen. Sein Gesicht wird von einem Lächeln erfüllt. Er schaut in die Augen des Mädchens in dem prächtigen Kostüm, welche ihn seit Jahren anlächeln. Die Erinnerung an damals lässt alle bösen Gedanken entschwinden. Max sieht Johanna an, als sähe er sie zum ersten Mal. Nein, es ist alles in Ordnung.

11. Kapitel

Was eine junge Dame von Welt ausmacht

„Hallo!“, begrüßt Sofie Isabel, als sie in den Aufenthaltsraum der Schauspieler kommt. Isabel sitzt mit übereinandergeschlagenen Beinen auf einem der Ledersofas.

„Ist alles in Ordnung Sofie?“, fragt Isabel und fühlt wie ihre Worte ihr eigenes Herz treffen. In Sofies Augen steigen Tränen auf und sie kämpft darum mit allen ihr zur Verfügung stehenden Mitteln ihres Bewusstseins nicht los zu heulen und dann Isabel Rede und Antwort geben zu müssen.

„Du musst mir nichts sagen“, sagt Isabel schließlich und schaut die junge Frau mitfühlend an. Viel zu gut kann sie sich daran erinnern, was damals geschah. Dabei hätte sie nie mehr daran denken wollen. Der Anlass für Sofies Traurigkeit ist schon schlimm genug, da sollte sie nicht auch noch über den Umstand ihrer Dualität hadern. Ob dem jemals wieder ein Ende gesetzt wird? Daran will sie eigentlich nicht denken, weil ihr Sofie doch so sehr ans Herz gewachsen ist. Isabel fühlt sich hilflos. Wie gerne würde sie Sofie jetzt in ihre Arme nehmen, wie eine Mutter, die ihr Kind tröstet. Sie weiß aber, dass Sofie das nicht zulassen würde.

„Die Szenen heute habt ihr wirklich prima gespielt“, sagt sie schließlich um Sofie auf andere Gedanken zu bringen.

‚Typisch, sie sieht, dass es mir schlecht geht und sie denkt trotzdem sofort an die Arbeit.’

„Ja, es wird immer besser. Ich merke das auch“, sagt sie gefasst und geht zum Waschbecken um sich mit dem Handtuch die Tränen abzuwischen.

„Komm setzt dich“, sagt Isabel.

Sofie lässt das Handtuch los und setzt sich in den Sessel neben Isabel.

„Du wirst sehen, es wird alles gut. Und nach der Premiere sieht die Welt wieder ganz anders aus. Du wirst alles unangenehme vergessen.“

Sofie weiß nicht, was Isabel meint. Sie kann doch nicht wissen, was ihr passiert ist. Sie wird es auch nicht erfahren. Niemand wird es erfahren. ‚Ich brauche es niemanden zu sagen. Damit komme ich klar. Es wird nichts mehr geben , womit ich nicht alleine fertig werde’, beschließt sie entschlossen.

Isabel fühlt jeden einzelnen Gedanken von Sofie und sucht selbst nach Worten, um diese Situation zu beenden.

„Wir haben nachgedacht, womit wir dich bei der Premierenparty überraschen können. Ich verrate aber nichts.“

„Ein Prinz auf einem Schimmel vielleicht“, schießt es über Sofies Lippen.

„Entschuldigung“, sagt sie erschrocken. Jetzt hat sie sich für einen Moment in die Rolle der Gigi versetzt.

Isabel nimmt sie bei der Hand. „Ist doch in Ordnung.“

Ihr freundlicher Blick entlockt Sofie ein Lächeln. Isabel ist vielleicht gar nicht so übel.

Die Probe beginnt pünktlich. Sofie wartet hinter der Kulissentür auf ihr Zeichen. Das Läuten der Türglocke erschreckt sie. Charles öffnet die Tür und Tante Alicia geht ihrer Großnichte entgegen.

„Da bist du ja, mein Kind.“

„Grüß dich Tante Alicia”, antwortet Gigi.

„Du kommst zu spät. Das gehört gar nicht zu den guten Manieren einer jungen Dame.“

„Entschuldige, Tante Alicia.“

Alicia betrachtet sie kritisch. Da Lotte einiges größer ist als Sofie, wirkt sie besonders streng.

„Lass dich ansehen. Dein Haar ist ja ganz zerzaust.“

Weiters stellt sie dem Mädchen gegenüber fest, dass die Nase, der Mund und der Bauch zu groß und der Busen zu klein sind. Gigi lässt das Missfallen über ihr Äußeren über sich ergehen. ‚Schade’, denkt Sofie ‚dass ich die Zunge nicht herausstrecken darf.’

„Zeige mir deine Zähne.“ Alicia greift Gigi unter das Kinn, betrachte ihre Zähne und stellt fest, dass sie schön sind.

„Wer sind deine Freunde?“, fragt sie nach einer kleinen Pause.

„Lotte, jetzt solltet ihr bereits zum Sofa hinüber gehen“, unterbricht Isabel.

Sofie geht eilig zum Sofa hinüber und Lotte folgt ihr.

„Nein, wir beginnen noch einmal bei...“ - Isabel schaut ins Textbuch.

„Zeig mir deine Zähne“, schlägt Margit vor.

Isabel schaut stumm über die Lesebrille zu Margit, die den Kopf senkt.

„Der Satz mit den Zähnen“, sagt Isabel.

‚Müssen sie mich jetzt noch einmal daran erinnern, dass ich schon lange nicht beim Zahnarzt war’, denkt Sofie und spricht weiter ihren Text, indem sie antwortet, dass sie keine Freunde hätte und niemand nach der Schule mit ihr etwas unternähme. Ihre Tante befindet das für gut, da die gewöhnlichen Leute kein Umgang für Gigi wären.

Dass gewöhnliche Leute kein Umgang für sie wären, könnte sich Sofie im wirklichen Leben nicht vorstellen. Sie ist froh, dass sie ihre Freunde hat und dass sie sich auf sie verlassen kann, besonders auf Claudia. Nein, dass ist unvorstellbar für sie.

Anschließend folgt der Dialog über das Heiraten. Darüber hat sich Sofie auch schon ihre Gedanken gemacht. Ob sie das überhaupt einmal möchte? ‚Die Freiheit aufgeben? Das kann wirklich noch warten. Naja, Philipp wäre schon ein Kandidat gewesen. Doch wer weiß, wie er sich als Ehemann verhalten hätte.'

„Ja, Tante Alicia", sagt Gigi am Ende der Szene.

Die Szene ist durch und Isabel geht auf die Bühne.

„Sofie! Du schaust, als hättest du weiße Mäuse gesehen. Es war, als stündest du neben dir."

„Bleiben Sie bei sich", hat ein Schauspiellehrer einmal zu ihr gesagt, erinnert sich Sofie. „Sie sind der Mensch vor mir, der eine Geschichte erzählt." Sofie schmunzelt bei dem Gedanken an den ulkigen Mimen.

„Na, es geht doch", sagt Isabel und schüttelt den Kopf. ‚Warum ist das Mädchen immer so unkonzentriert', denkt sie, während sie zum Regietisch zurückgeht. Einen Gedanken an ihre Dualität und was sie vorhin besprochen haben, kommt Isabel während der Probe nicht in den Sinn.

Isabel allein zuhause

Schwer bepackt sperrt Isabel die Haustür auf und geht in das Haus. Neben ihrer prall gefüllten Handtasche hat sie noch einen Plastiksack vom Lebensmittelmarkt bei sich. Sie stößt mit dem Fuß die Tür zu und stellt die Tasche auf die Anrichte in der Diele. Sogleich nimmt sie ihre Ohrclips herunter, geht ins Zimmer zu der Kommode und legt sie in eine Schatulle. Schnell geht sie in die Diele zurück und sucht ihr Handy in der Tasche. Da sie es nicht finden kann, geht sie ins Wohnzimmer und kippt den Inhalt der Tasche aufs Sofa. Sie schaut auf das Display. Noch kein Anruf von Claudia. Sie hat gesagt, dass sie heute noch anrufen wird um zu fragen, ob sie sich am Wochenende sehen. Es könnte sein, dass Philipp am Wochenende arbeiten muss. Isabel legt das Handy auf den Tisch, zieht ihre Jacke aus, wirft sie aufs Sofa und geht in Richtung Badezimmer. Sie dreht den

Wasserhahn der Badewanne auf und verschließt den Ablauf. Ihr fällt ein, dass Max mit Jakob beim Kegeln ist.

‚Da kann ich den Abend noch allein genießen', denkt sie. Gut, dass sich Sofie letztendlich doch noch besser konzentriert hat. So konnten sie die Probe pünktlich beenden und Isabel hat einen Abend für sich allein.

Isabel blickt zufrieden in den Spiegel, als ihr plötzlich die Waren in der Diele einfallen, die sie lieber in den Kühlschrank geben sollte. Sie holt die Sachen, stellt den Sack auf die Arbeitsplatte und nimmt die eingekauften Dinge heraus. Den abgepackten Salat und drei Becher Joghurt gibt sie in den Kühlschrank. Das schwarze Kornbrot legt sie in die Brotdose.

Plötzlich läutet das Handy und sie läuft ins Wohnzimmer.

„Gerade noch geschafft", begrüßt sie ihre Freundin.

„Hallo Isabel", antwortet ihr Claudia. „Ich wollte dich fragen, ob ihr morgen am Abend zu uns kommen wollt."

„Da muss ich Max noch fragen, er ist jetzt beim Kegeln."

„Da hast du ja noch einen ruhigen Abend", stellt die Freundin fest.

‚Vielleicht doch einen zu ruhigen Abend', denkt sich Isabel. „Ich nehme noch ein Bad und ... " Sie lässt das Handy sinken und läuft ins Badezimmer.

‚Nichts passiert, die Wanne ist noch nicht voll.'

Isabel hält das Handy wieder an ihr Ohr. „Puh, entschuldige. Ich vergaß das Wasser abzudrehen."

Sie schließt den Hahn und prüft mit der Hand die Temperatur des Wassers.

„Gib mir Bescheid", meint Claudia. „Bis dann also."

„Tschüss." Nachdenklich legt sie das Handy auf die Kommode. Zu uns kommen, hat Claudia gesagt.

Es ist schon lange her, dass sie Philipp gesehen hat. Ihre Gefühle für ihn wollte sie schon damals nicht wieder zulassen. Doch wenn sie von ihm hört oder ihn gar sieht, kann sie sich den Gedanken an die Zeit mit ihm nicht entziehen. Dass ausgerechnet Claudia und er sich gefunden haben, kann der innigen Freundschaft der beiden Frauen trotzdem nichts anhaben.

Isabel zieht ihr Kostüm aus und legt es auf einen Sessel neben der Tür. Dann öffnet sie den Büstenhalter und zieht den Slip aus. Noch nachdenklich verschränkt sie die Hände vor der Brust, greift sich mit ihren Händen an ihre Schultern und schließt die Augen. Ihr ist, als fühle sie die Umarmung von Philipp. Schließlich steigt sie in die Wanne.

Auf dem Esstisch steht eine Vase mit Gladiolen.

'Die Blumen brauchen auch frisches Wasser', denkt Isabel und geht mit der Vase in die Küche. Sie bleibt stehen und betrachtet nachdenklich die Blumen. Max ist wirklich ein aufmerksamer Ehemann. Er weiß, dass sie Gladiolen über alles liebt und bringt sie ihr vom Feld nahe der Stadt, wo man sie selbst abschneiden kann mit. Behutsam gibt sie die Blumen zurück in die mit frischem Wasser befüllte Vase.

******

Hinter der Kuppe macht die Landstraße eine leichte Biegung nach rechts und das Auto fährt nach zweihundert Meter an den Straßenrand.

„Schau die schönen Blumen“, sagt Isabel und schaut auf das Feld, wo sich die Gladiolen im Wind wiegen. Sie will die Gelegenheit nützen um auf dem Feld nicht weit von der Stadt entfernt selbst Gladiolen schneiden. Kurz schaut sie auf das Schild über der Kassa und nimmt ein Messer aus der Dose darunter.

„Hilfst du mir?“

„Ja freilich“, antwortet Max und nimmt ebenfalls ein Messer.

Der Wind dreht sich und bläst Max ins Gesicht. Isabel ist zwei Reihen weiter links und zirka zwanzig Meter weit entfernt von Max. Sie ruft ihm etwas zu, doch der Wind braust so laut, dass er sie nicht verstehen kann,

„Kannst du mir die Blumen abnehmen, ich möchte noch ein paar dort weiter unten schneiden. Sonnenblumen möchte ich auch zwei oder drei“, ruft sie noch einmal.

Max geht in ihre Richtung. Der Wind wirbelt vom trockenen Feldboden die braune Erde auf. Max reibt sich die Augen und schaut zu Isabel. Er kann sie nicht sehen. Auch die vorbeifahrenden Autos kann er bei dem Sturm nicht hören. Er schaut noch einmal in ihre Richtung, doch es ist niemand außer ihm auf dem Blumenfeld. So als währe Isabel nie hier gewesen.

Der Wind legt sich, Max betrachtet die Blumen in seiner rechten Hand und schaut auf das Feld, wo sich die Pflanzen im ruhigen Wind wiegen. Dann geht er zu der Blumenkassa und greift in seine Jacke. Er schaut noch einmal auf die Blumen und wirft einige Münzen in den Schlitz. ‚Nur bezahlte Blumen machen Freude’, denkt er. Zufrieden geht er auf den Baum zu, an dem sein Fahrrad lehnt. Die Blumen gibt er in einen Behälter am Paketträger, dann fährt er in Richtung Stadt davon.

Im Schwimmbad

Stefan cremt Claudia den Rücken ein.

„Also ich gehe vorher ins Wasser.“ Sofie wirft ihre Sonnenbrille auf das Liegetuch und geht eilig zu den Duschen. Sie dreht das Wasser auf, kontrolliert ihren Haarknoten und steigt unter den kalten Guß. Nach der kurzen Abkühlung wischt sie das Wasser aus ihren Augen und geht in Richtung Sprungturm. Sie streift ihre Flipflops von den Füßen und schaut auf den Turm.

„So klein und will schon so hoch hinauf", sagt ein Junge, der einiges jünger ist als sie.

„Vielleicht noch höher", stellt sie fest und schaut, wer sie da so frech anquatscht.

„Ist das nicht zu hoch für kleine Mädchen?", lässt der Junge nicht locker.

Sofie lässt ihn stehen und geht auf den Turm. Sie erreicht die erste Bretthöhe. Von hier und der zweiten Höhe ist sie schon öfter gesprungen, doch heute will sie es von ganz oben probieren. Nein, jetzt muss sie sogar. Muss sie wirklich? Soll sie dem Dummkopf etwas beweisen müssen? Nein, sie macht es für sich selbst, einfach nur des Spaßes wegen.

Claudia ist nicht entgangen, dass Sofie am Turm mit jemanden gesprochen hat. „Da schau, Stefan. Ihr ist einfach nichts zu gefährlich. Warum macht sie das nur?", ist die Freundin ernsthaft besorgt und sieht, wie Sofie auf das Brett steigt. Sie ist fest entschlossen. Ein Drücken hat es bei ihr noch nie gegeben. Höchstens Armdrücken mit Julian, den sie immer gewinnen lässt. Nur ein einziges Mal hat sie vehement ‚Nein' gesagt. Gert, ihr erster Freund, wollte sie unbedingt zum Bungee Jumping überreden.

„Nein, nicht von dieser Brücke", sagte sie zu ihm.

„Hier ist es doch viel besser als auf einem Turm. Und du musst auch nicht erst hochgezogen werden, wir sind schon oben", versuchte Gert es weiter. „Du machst doch sonst auch bei allen verrückten Sachen mit."

„Ich sagte, nein.“ Wenn Sofie gewusst hätte, dass Gert sie neben seinen Freunden so bedrängen würde, wäre sie damals nicht mitgekommen.

Schritt für Schritt geht Sofie bis sie vorne ankommt. Diese Höhe ist auch sie nicht gewohnt. ‚Mach es schnell’, denkt sie und stößt sich ab.

„Da.“ Claudia hält sich an Stefan fest.

Sofie taucht bis an den Boden des Beckens und schließlich taucht ihr Kopf wieder aus dem Wasser auf. Claudia ist erleichtert. Sofie schwimmt an den Beckenrand. Mit ihren nassen Augen schaut sie auf den Jungen. Er und Stefan applaudieren.

‚Na, willst du es auch einmal versuchen?’, fragt ihr Blick. ‚Das traust du dich nie’, ließt der Junge aus ihrem Gesicht und sucht das Weite.

Sie steigt aus dem Wasser und geht zu den anderen. Als sie ankommt, steht Stefan auf, nimmt Sofies Handtuch und trocknet ihr den Rücken ab.

„Danke“, sagt sie nach einer Weile und nimmt ihm das Handtuch ab.

Als sie sich fertig abgetrocknet hat, richtet sie sich ihr Liegetuch und cremt sich ihre Arme und Beine ein. Dann ihr Dekolleté und anschließend den Bauch bis zu ihrem Tattoo, einem zarten Schmetterling unter dem Nabel. Das hat sie sich machen lassen, als sie noch eine Schülerin war.

„Ich helfe dir.“ Stefan ist heute aber fürsorglich. Ob Claudia das recht ist. Sie legt sich auf den Bauch und setzt ihre Sonnenbrille auf. Während Stefan ihr den Rücken eincremt, schaut sie sich im Bad um. Vielleicht kennt sie hier jemanden. Der fremde Junge ist nirgends zu sehen. Sie beobachtet die anderen Gäste auf der Wiese. Manche sehen wirklich zu lustig aus. Schließlich schaut sie in die Richtung, wo Max sich gerade eine Pritsche richtet, so dass ihm die Sonne nicht ins Gesicht scheint.

„Hat er es dir nicht zugetraut?“, will Stefan wissen.

„Der wollte mich nur dumm anquatschen. Er dachte wohl, ich drücke mich“, antwortet Sofie.

„Da ist er dir gerade richtig gekommen, was?“

„Nein, ich hatte es sowieso vor.“

„Ja, du musst immer etwas Neues probieren, immer noch höher hinaus“, sagt Claudia und Sofie hört aus ihrer Stimme, dass sie sich um sie sorgt.

Claudia hat ja nicht unrecht. Immerzu will sie etwas Neues ausprobieren und es ist ihr nichts zu waghalsig.

„Sie ist eben kein Angsthase“, sagt Stefan.

„Och“, antwortet ihm Claudia beleidigt und dreht sich von den beiden weg.

„So hab ich das doch nicht gemeint.“ Stefan wollte Claudia nicht verletzen. Claudia dreht ihnen ihren Kopf wieder zu. „Es hat sich aber so angehört.“

„Ihr habt ja recht“, unterbricht Sofie die beiden. „Manchmal habe ich eben vor nichts Angst.“

Bei diesem Gedanken wird sie sehr nachdenklich. Wenn sie auch nichts unternimmt, was wirklich gefährlich ist, so kommt die Gefahr dann doch ganz unvermutet zu ihr.

Stefan schließt die Flasche und legt sich auf sein Handtuch.

„Danke, Stefan“, sagt Sofie.

Eigentlich ist Stefan ein netter Kerl, aber er kann manchmal ganz schön frech sein. So wie damals, als ihnen Claudia ihr neues Tattoo gezeigt hat.

„Ich lass mir vielleicht auch eines machen. Vielleicht einen Schmetterling unter dem Nabel“, sagte Sofie begeistert.

„Einen Schmetterling? So wie du oft rebellierst, wäre eine Handgranate passender“, sagte Stefan.

Claudia schaute Stefan mit offenem Mund an und dachte: ‚Sofies Blick wird dir sofort sagen, dass du ihr neues Tattoo nie sehen wirst.'

Doch der wütende Blick blieb aus, denn Sofie war traurig darüber, dass der Freund ihren Sanftmut so in Frage stellte. Vielleicht waren es immer schon seine dummen Sprüche, die dafür sorgten, dass sie sich nie wirklich für Stefan interessiert hatte.

Sie fasste sich wieder: „Ja genau, da würde man dann gleich sehen, was einen bei mir erwartet."

Lisa und Markus lachten, nur Claudia traute dem Gemüt der Freundin nicht. Sie tat ihr leid und sie wollte sie am liebsten sofort an sich drücken.

„Lass ihn doch", beruhigte Philipp sie und Sofies Blick wurde freundlicher. Sie dachte: ‚Ja, Philipp würde so etwas nie sagen.'

12. Kapitel

Herbstbeginn - Sofies Geburtstag naht

Es scheint eine Eigenwilligkeit der Natur zu sein, dass diese lebensfrohe und unternehmungslustige Frau gerade zu Herbstbeginn ihren Geburtstag hat. Zuerst wollte sie ihn eigentlich zuhause mit ihren engen Freunden feiern, doch dann hat sie es sich anders überlegt. Wenn es auch nur der dreiundzwanzigste Geburtstag ist, will sie mit ihren Freunden und Bekannten ein großes Fest feiern. Das bekannte Altstadtlokal, der Keller des alten Brauhauses, scheint ihr dafür gerade recht zu sein. Jan, der Oberkellner, mit dem sie in die Schule gegangen ist, hat es ihr vorgeschlagen. Da man in dem Lokal auch tanzen kann, ist es wie geschaffen für ein Fest.

„Da kannst du schon einige Bekannte mehr einladen, als zuhause“, sagt Jan.

„Naja, einige fallen während der Party gerne einmal ins Bett“, antwortet Sofie und ihre Miene wird ernster. Fallen ihr doch ausgerechnet jetzt Markus und Lisa ein. ‚Ihn lade ich sicher nicht ein.’

Jan bemerkt ihren Seufzer: „Soll etwas vorbereitet werden? Eine lange Tafel, Tischschmuck... oder sollen sich die Gäste zu den einzelnen Tischen setzen.“

„Ist ja keine Hochzeit.“ Sofie verzieht den Mund. Die Leute wollen sich amüsieren und sie sich selbst auch. Klischees wie eine Geburtstagstafel entsprechen nicht ihrer Vorstellung für eine unterhaltsame Party.

„Dann stellen wir einfach mehrere Gruppen zusammen. Tische mit sechs bis acht Personen. Da kannst du dann auch schnell den Platz wechseln um für alle Gäste da zu sein.“

„So wie es sich für eine gute Gastgeberin gehört“, ergänzt sie. „So machen wir es. Tschüss, Jan.“ Sie gibt ihm eine Kuss auf die Wange und eilt die Stufen hinauf.

Oben beim Tageslicht angekommen genießt Sofie die frische Luft und die Sonne zeichnet mit den Blättern der großen Linde auf dem Platz, lustige Schatten in ihr zauberhaftes Gesicht.

Sie geht langsam die Straße hinunter, schaut ab und zu in eine Auslage und überlegt, welche ihrer Freunde und Bekannten sie einladen möchte. Dabei fallen ihre Gedanken wieder an Markus und Lisa.

‚Dieser Schuft. So gemein und noch dazu neben mir. Hat er gedacht, ich habe schon soviel getrunken, dass ich es nicht bemerke. Oder hat er vergessen, dass wir zusammen zu Claudias Party gekommen sind.‘ Was soll sie sich jetzt noch Gedanken darüber machen, es ist doch schon einige Zeit her.

Schließlich macht sie sich auf dem Heimweg. In einer ruhigen Seitengasse kommt sie zu einem Spielplatz. Sonst geht sie diesen Weg immer dann, wenn sie es besonders eilig hat. Nur am Abend geht sie lieber den längeren Weg. Er scheint ihr sicherer zu sein, wenn es schon dunkel ist. Sie winkt einem kleinen Mädchen auf dem Spielplatz zu, das auf einem Schaukelpferd sitzt. Der Vater des Kindes steht hinter dem Schaukelpferd. Er trägt die gleiche Jacke wie Sofies Vater auf dem Bild in ihrem Zimmer. Über den Zufall lächelnd bemerkt sie zwei Buben auf der Wiese, die mit einem Ball spielen, und erkennt, dass es die Buben von Kerstin sind. Sie kommt näher und sieht, dass die Mutter der Kinder von einem Baum verdeckt war.

„Sofie, schön dich zu treffen“, wird sie herzlich von Kerstin begrüßt.

Dafür, dass sie in die gleiche Oberstufe gegangen sind, wirkt Kerstin einiges älter. Sie trägt eine beige Hose und ein gestreiftes T-Shirt. Um ihr kurzes lockiges Haar trägt sie ein lila Stirnband.

„Hey Mami, wie geht es den Kleinen", fragt Sofie.

„Sie sind gesund und ich muss auf der Hut sein, sie stellen schnell etwas an." Kerstins Unterton lässt vermuten, dass dies bei Zwillingen verstärkt vorzukommen scheint.

„Was machst du? Hast du ein neues Engagement?"

„Ja, wir proben für ein neues Stück."

„Oh toll, wie heißt es denn", fragt die ehemalige Kollegin interessiert.

„Gigi", kommt es fast gelangweilt aus Sofie.

„War das nicht ein Film?"

„Ja vor langer Zeit."

„Und das gibt's auch als Theaterstück?", fragt Kerstin erstaunt. „Davon habe ich noch nie was gehört."

„Doch, es ist eine Boulevardkomödie. Die wurde schon 1951 am Broadway aufgeführt."

„Das hört sich ja sehr interessant an."

„Jetzt hat Isabel Cisárovná die Idee gehabt, es erneut zu bringen. Sie macht die Regie", fährt Sofie fort.

„Cisárovná, nie gehört. Wann ist denn die Premiere?"

„Am 24 Oktober."

„Wenn Mama auf die Kleinen aufpasst, sehe ich mir das unbedingt an. Das wird Herbert auch gefallen. Du gibst mir Bescheid, wenn du Karten hast?"

„Ja, das hat noch Zeit. Wollt ihr zu meiner Geburtstagsparty kommen? Ich verschicke morgen die Einladungen", sie schaut Kerstin mit einem Lächeln an.

„Wann ist sie?"

„Samstag, nächste Woche."

„Da ist Mama bei Tante Margot. Ich weiß nicht, ob ich jemanden für die Kleinen kriegen kann. Ich gebe dir Bescheid. Ich würde gerne kommen“, versichert Kerstin.

„Na, dann bis bald. Liebe Grüße an Herbert“, wird das Gespräch von Sofie beendet. Das Wort Party hat sie wieder in ihre vorigen Gedanken geholt und erinnert, dass sie selbst ohne Partner zu ihrer eigenen Party gehen muss.

„Mach es gut Sofie, wir hören uns.“

Sofie lächelt sie noch einmal freundlich an, dreht sich um und geht. Das Mädchen und ihr Vater sind inzwischen verschwunden.

‚Ob sie einen Freund hat?‘, denkt Kerstin, als sie ihrer ehemaligen Mitschülerin nachschaut. ‚Na klar, so ein hübsches Mädchen. Den werde ich dann ja auf der Party kennen lernen. Hoffentlich finde ich jemanden für die kleinen.‘

Sofie dreht sich noch einmal um und die beiden Frauen winken sich zu.

Sofie im Sternenhimmel

Sofie freut sich und geht eilig in die Garderobe hinauf. ‚Super, dass die Probe heute schon so früh aus ist!‘

„Sofie, du hast heute noch den Termin in der Filmstadt“, ruft ihr Margit nach.

‚Auch das noch‘, denkt Sofie. Das hat sie glatt vergessen.

„Du weißt doch: Die Aufnahmen für das Plakat und das Programm. Isabel möchte auch ein Video für eine Zuspielung wenn Gigi glücklich in ihrem Zimmer von Gaston träumt. Oder eventuell auch während des Bühnenbildumbaues vor dem Ball.“

Sofie schaut Margit bestürzt an.

„Gottfried wird dich hinfahren. Viel Spaß bei den Aufnahmen“, sagt Margit.

„Vergiss nicht das Kleid mitzunehmen“, ruft sie Sofie noch nach, als sie in der Garderobe verschwindet.

‚Ausgerechnet heute, muss der Fototermin stattfinden.‘ Sie wollte sich nach der Probe mit Claudia und den anderen Freunden treffen. Doch jetzt soll sie in die Filmstadt fahren um Fotos und sogar eine Filmaufnahme zu machen.

„Wir haben keinen früheren Termin für die Aufnahmen bekommen. So müssen wir auch die Probe nicht früher beenden“, sagte Isabel gestern in der ersten Pause zu ihr.

Die Bilder und der Film sollen Gigi in einem mystischen Sternenhimmel zeigen.

„Das ist symbolisch für ihre Unschuld“, antwortete Isabel, als Sofie sie nach dem Sinn fragte.

‚Vorlautes Mädel‘, dachte Ingrid die Maskenbildnerin. ‚Wenn wir immer gefragt hätten, was wir wann machen sollen. Ohrfeigen hätte es gegeben.‘

‚Unschuldig, das trifft wohl kaum auf Sofie zu‘, dachte Isabel mit einem sich selbst schmeichelndem Lächeln.

„Halle 3, gleich da vorne und dann links, das erste Gebäude“, sagt der Portier.

Sofie muss über seinen Schnauzbart schmunzeln. ‚Wie mein Opa‘, denkt sie und lächelt ihm im Weitergehen freundlich zu. „Danke.“

Sofie öffnet vorsichtig die Tür. In der Halle ist es sehr dunkel. Nur ein Scheinwerfer beleuchtet die Gerüststangen auf denen schwarze Tücher gespannt sind. Sofie kann erst, nachdem sie sich langsam an die Dunkelheit gewöhnt hat, drei Personen erkennen.

„Guten Tag, ich komme zum Fototermin.“

„Hallo, ich bin Mike.“ Ein junger Mann reicht ihr die Hand. „Ich bin der Fotograf.“

„Ich heiße Sofie, wo kann ich mich umziehen?“

Mike zeigt in das dunkle Nichts. „Dort sind die Nebenräume.“

Allmählich kann Sofie einen schwachen Lichtschein unter einer Tür erkennen.

Sofie zieht ihr Kostüm an.

„Warte, ich helfe dir", sagt Agnes, die Assistentin und will den Zippverschluss schließen.

„Nein, es ist zum Binden und hat eine menge Haken", sagt Sofie.

„Ich sehe schon. Oje, das ist aber umständlich."

„Das ziehe ich jeden Tag für die Proben an."

„Für die Proben, gibt's da kein einfacheres Probenkostüm?", fragt Agnes erstaunt.

„Und überhaupt, wozu für die Probe?" Agnes kann sich nur wundern.

„Die Regisseurin will es so", antwortet Sofie gelassen.

„Ich arbeite schon immer lieber nur für Männer. Was die haben wollen, macht wenigstens meistens einen Sinn", sagt Agnes energisch.

‚Und da sagen alle, ich bin noch so jung und unerfahren. Schau an, andere denken also genauso.' Ihre Gedanken an Isabel lassen Sofie so schnell keine Antwort finden. „Haarscharf", sagt sie knapp um einen Kommentar abzugeben.

„Fertig", sagt Agnes, als ob sie das ganze Kleid eben fertig genäht hätte.

„Danke." Sofie rafft es hoch und geht mit schnellen Schritten in das Studio zurück.

Wieder muss sie - von dem Scheinwerfer geblendet - den Weg zu der Gruppe finden.

„So Sofie, stelle dich bitte hier her", sagt Mike.

Der Scheinwerfer leuchtet Sofie von der Seite an. Sie ist gespannt, was hier so besonderes sein soll. ‚Verdunkeln hätte man das Theater auch können', denkt sie und muss ein Lachen unterdrücken.

„Schalte ein Ralf", sagt Mike.

Das Klicken des Schalters kann Sofie gerade noch hören. Dann werden plötzlich alle ihre Sinne von unzähligen, leuchtenden Sterne in den Bann gezogen, als stünde sie selbst mitten im Universum. Über ihr, vor ihr, hinter ihr, und sogar unter ihr sind hunderte Lichter zu sehen. Vor Erstaunen kann sie Mike und Ralf und Klicken des Fotoapparates nicht wahrnehmen. Sie versinkt förmlich inmitten der Sternenpracht. Erst als Mike zu ihr spricht, fühlt sie ihre Anwesenheit im Diesseits. „Ja, gut so. Genau so wollen wir dich haben."

‚Die Überraschung ist gelungen', denkt sie. ‚Da habe ich gut mitgespielt, so unerwartet. Eigentlich musste ich gar nichts spielen. Dazu also ist man heute Schauspielerin.'

Gottfried, der Chauffeur, lächelt Sofie zu, als sie ihm von Weitem winkt. Er trinkt seinen Kaffeebecher leer und wirft ihn in den Kübel neben dem Kaffeeautomaten.

„Tschüss", sagt er zum Portier und geht auf die Tür zu, wo er mit Sofie zusammen trifft. Mit einem Lächeln öffnet er ihr die Tür.

„Danke, das hätten wir", sagt sie heiter.

Als er ihr die Tür des Wagen öffnet, bleibt sie stehen.

„Macht es dir etwas aus, allein zurück zu fahren? Ich treffe mich noch mit einer Freundin. Wenn du mich zum Hauptbahnhof bringen könntest, wäre ich dir sehr dankbar. Ich fahre dann später mit dem Bus nachhause."

„Ist recht", sagt Gottfried und Sofie steigt in den Wagen.

‚Dafür hätte ich nicht warten müssen', denkt Gottfried während er die Tür schließt. ‚Zum Bahnhof hätte sie auch allein hingefunden.'

Nachdem sich der Wagen in Bewegung gesetzt hat, durchsucht Sofie ihre Tasche und räumt einige Sachen heraus, bis sie ihr Smartphone findet. Sie hat bei der Hinfahrt Lisa, die ebenfalls in der Hauptstadt arbeitet, angerufen und gefragt, ob sie sich treffen wollen.

„Hallo Lisa, ich fahre gerade bei der Filmstadt weg."

„Ich bin schon unterwegs und habe ein wenig in den Geschäften gebummelt", antwortet Lisa. „Eigentlich bin ich gleich da."

„Es kann nicht lange dauern", sagt Sofie. „Bis dann."

Sofie steckt alles wieder in die Tasche zurück. Beim Hauptbahnhof steigt sie aus dem Auto.

„Tschüss Gottfried und danke, dass du gewartet hast."

Ihr freundlicher Blick gibt ihm das Gefühl, dass er nichts lieber gemacht hätte, als auf sie zu warten.

„Habe ich doch gern getan. Bis morgen im Theater. Vielleicht sehen wir uns dort."

Sofie geht über den Platz zum Park hinüber. Lisa sitzt auf einer kleinen Mauer und lässt die Beine baumeln.

‚Wie ein kleines Mädchen', denkt Sofie. „Hallo." Sie setzt sich zu Lisa auf die Mauer.

„Hey", sagt Lisa. „Das ging ja schneller, als ich gedacht habe. Was machen wir?"

„Ich dachte, wir gehen ins Kino", schlägt Sofie vor. „Schauen wir ins Village-Cinema."

„Oh ja, hier in den großen Kinos war ich schon lange nicht mehr. Was wollen wir uns anschauen?" Lisa ist begeistert.

„Das sehen wir dann dort. Lass uns erst einmal hinfahren", sagt Sofie.

Die beiden Frauen hüpfen von ihrem unbequemen Sitzplatz herunter und gehen schnell zu der Station um die gerade einfahrende Straßenbahn noch zu erreichen.

Wochentags, am späten Nachmittag, ist ein Kinobesuch eine willkommene Abwechslung für die beiden Frauen. Im Saal sitzen zirka fünfzehn Personen. Sofie sitzt gemütlich in dem bequemen Sessel und schaut erwartungsvoll auf die Leinwand. Lisa hat den Kopf auf die Hände gestützt und folgt gespannt der Handlung. Jetzt wird es nur einige Sekunden dauern, dann gesteht sie ihm ihre Liebe. Noch bevor es dazu kommt, sagt er ihr, dass sie sich nicht wieder sehen werden.

Stumm verlassen die beiden den Saal und Lisa hängt sich bei Sofie ein. Sofie spürt sofort, dass die Freundin die Tränen nicht halten kann.

‚Was meinst du, was ich gefühlt habe, als du mit Markus vor mir herum gemacht hast', denkt sie. Doch wozu soll sie der Freundin Vorwürfe machen. Tröstend greift sie nach Lisas Hand.

„So ist das Leben nun einmal. Wir erleben das immer wieder und dann wird es wieder schön."

Lisa beruhigen die tröstenden Worte der Freundin.

„Wir haben noch etwas Zeit bis der Bus fährt", sagt Sofie. „Lass uns noch etwas trinken."

„Ja, gut."

Nachdem die Tränen weggewischt sind, kommt auch wieder ein freundliches Strahlen in Lisas Gesicht.

Eine chillige Party diese Geburtstagsfeier

Ein fremder, etwa vierzig bis fünfundvierzigjähriger Mann betritt den Saal. Jan, der Oberkellner führt ihn zu einem der freien Tische an der Wand. Der Mann setzt sich und schaut zu den jungen Leuten, die scheinbar einen Geburtstag feiern. Er sieht zu dem kleinen Tisch mit Geschenken und zu Sofie, vor ihr steht eine Torte mit Kerzen darauf.

„Was darf ich bringen?", fragt Jan.

„Ein Glas von dem guten Roten, den ich gestern hatte."

„Kommt sofort."

Der Gast schaut abermals in den Saal. Er beobachtet das Treiben um Sofies Freunde.

„Wer ist denn das Geburtstagskind?“, fragt er Jan, als ihm dieser den Wein hinstellt und ihm die Speisekarte reicht.

Jan schaut zu Sofie. „Es ist die junge Dame links beim Tisch in der Mitte. Die mit den dunklen langen Haaren.“

Der Fremde sieht sich die junge Frau genau an. Sie hat ihr Haar auf der rechten Schulter nach vorne gelegt. Um die Stirn hat sie ein grünes Tuch gebunden. Er findet sie sehr attraktiv und ihre Art sich zu bewegen, gefällt ihm besonders gut.

Während Jan vom Anrichtetisch an der Seite Besteck holt, steht der Fremde auf und geht mit seinem Rotwein zu Sofie.

„Erlaube mir höflichst zum Geburtstag zu gratulieren“, sagt er mit einer eleganten Geste.

„Danke,“ sagt Sofie gelassen. Er interessiert sie nicht wirklich. ‚Zum Glück hat Philipp die Musik noch nicht aufgelegt. Der ist im Stande und fordert mich zum Tanz auf‘, denkt sie. Er bemerkt ihr Desinteresse. „Dann wünsche ich noch einen schönen Abend.“

Sie nickt als Zeichen des Dankes und ist erleichtert, dass er gehen will.

„Der hätte sicher tanzen wollen,“ sagt Christof ihr ins Ohr.

Sie dreht den Kopf zu ihm und wirft ihm einen erbosten Blick zu. ‚An meinem Geburtstag tanze ich mit wem ich will‘, denkt sie und setzt ein Lächeln auf um ihren Freund nicht weiter zu tadeln.

„Okay, Philipp etwas Flottes für den Überraschungsgast“, sagt sie schließlich. Sie geht auf die Tanzfläche und der Fremde stellt sein Glas ab. Lisa und Markus gehen ebenfalls auf die Tanzfläche und Philipp fordert Regina auf. Der Fremde versucht so gut als möglich mit Sofie mitzuhalten. An sich ist er ja ein guter Tänzer, doch heute geht es ihm fast zu flott.

‚Der wird es sich überlegen, noch einmal eine junge Frau so einfach anzuquatschen. Noch dazu als ungebetener Gast.' Claudia liest Sofies Gedanken in ihrem Gesicht. ‚Hauptsache sie hat ihren Spaß, wo sie doch jetzt so viel Arbeit mit den Proben hat.'

Die Musik ist zu Ende und Philipp geht zu der Anlage. Der Fremde bedankt sich bei Sofie. Sie nickt nur und geht außer Atem zum Tisch zurück und begrüßt die neu gekommenen Gäste.

‚Sie weiß genau was sie will und was nicht', denkt der Fremde, geht zu seinem Platz zurück und trinkt einen Schluck. Er sieht zu den anderen Gästen, die inzwischen am Tisch in der Ecke Platz genommen haben. Zwei Paare, vermutlich die Eltern mit Tochter und ihrem Partner. ‚Sie sieht ihrer Mutter sehr ähnlich. Wie Schwestern', denkt er und ist sich nicht sicher, ob es für die Jüngere ein Kompliment ist. Warum setzen die sich in den Saal zu der Geburtstagsfeier wo sie doch scheinbar nicht dazu gehören? Sein Motiv ist ein anderes, auch wenn es für ihn heute nur ein kurzer Spaß gewesen ist mit der jungen Frau zu tanzen. Doch für heute hat er genug.

Sofie flüstert Claudia etwas ins Ohr, sie lachen beide.

„Du wirst ihm gefallen."

„Der wollte sich doch nur wichtig machen. Solche Typen glauben, das gefällt uns. Ein ewig Gestriger. Er heißt Heribert." Sofie zuckt mit der Schulter, ein Zeichen für Claudia das Thema zu wechseln. „Cool die Musik, die Philipp mitgebracht hat."

„Ja er weiß was ich heute hören will."

Plötzlich bemerkt Sofie die Gäste am Tisch in der Ecke und ist erstaunt. Eilig geht sie hin und begrüßt Paula und ihre Familie: „Hallo."

Die Herren stehen auf und begrüßen Sofie.

„Grüß dich Sofie. Susanne und ihr Mann haben uns zum Essen eingeladen. Und ich gestehe, ich war etwas neugierig auf deine Party. Du hast doch nichts dagegen, dass wir hier in der Ecke sitzen?"

„Ach, ich freue mich, dass ihr hier seid. Als Nachspeise gibt's ein Stück Geburtstagstorte." Sie lächelt und geht zu ihrem Tisch.

„Kommt Florian auch zu der Party?", fragt Claudia.

„Nein, er kann heute nicht. Doro und er sind bei einer Hochzeit eingeladen. Wir gehen nächste Woche miteinander essen oder machen einen Ausflug. Da kann dann Julian auch mitkommen", antwortet Sofie.

Lisa und Markus kommen von der Tanzfläche und setzen sich.

„Puh, jetzt habe ich aber Durst", sagt Lisa.

Während sie ihr Glas zurückstellt, sieht Sofie im Augenwinkel, dass Markus nach Lisas Hand greift. ‚Ist der bescheuert', denkt sie und verzieht das Gesicht. ‚Neben mir, bei meiner Party!' Sie steht schnell auf und läuft aus dem Saal. Philipp der sich gerade mit Stefan unterhält, bemerkt es und schaut ihr nach. Er dreht sich um und sieht wie Markus Lisa über die Wange streichelt. ‚Kindisch und das vor Sofie', denkt er. ‚Wie kann man so rücksichtslos sein. Schlimm genug was auf Claudias Party passiert ist. Sofie serviert man nicht so einfach ab. Man wird von ihr abserviert', meint er zu sich selbst, mit Überzeugung und aus Erfahrung.

Rasch geht Philipp Sofie nach. Seine Gefühle für sie sind noch immer sehr stark und sie tut ihm leid.

Sofie ist hinaus an die frische Luft gegangen und steht vor dem Lokal. Von der Ferne ist der Autoverkehr der Bundesstraße zu hören. Sie schaut auf den Abendhimmel und hört nicht die Tür, als Philipp heraus kommt. Sie bemerkt ihn erst, als er ihr auf dem Arm greift.

„Philipp“, sagt sie leise.

Er sagt nichts und öffnet seine Arme. Sie lässt sich in seine Arme schließen und legt den Kopf auf seine Schulter. Er kann es hören und fühlen, das Schluchzen und das Fließen ihrer Tränen. Doch er kann nicht wissen, was ihr tief in der Seele Kummer macht.

„Danke, dass du mir nicht mehr böse bist“, sagt sie nach einer Weile.

„Ich bin immer für dich da, das weißt du. Und jetzt solltest du wieder zu deinen Geburtstagsgästen hinein gehen.“

„Und tanzen was das Zeug hält“, antwortet sie ihm und schaut ihn erleichtert an.

Sie hängt sich bei ihm ein und sie gehen gemeinsam in das Lokal hinunter.

Philipp verschwindet hinter einer Tür im Eingangsbereich und Sofie betritt allein den Saal. Ein ihr fremder, junger Mann sieht sie herein kommen. Ihre Blicke treffen sich. Er lächelt sie an und sieht, dass sie vor kurzem geweint hat. Sie schenkt ihm ein Lächeln und versteckt das Taschentuch in ihrer Hand.

„Sofie, darf ich dir Martin vorstellen?“, sagt Alex. „Er ist ein Kollege vom Sportverein. Wir haben uns vorhin am Busbahnhof getroffen und wir haben uns schon lange nicht gesehen. Ich dachte du hast nichts dagegen, wenn ich ihn mitbringe.“ Alex bemerkt, dass es Martin peinlich ist.

„Hey“, begrüßt Sofie den Fremden und ihre Blicke treffen sich noch einmal. „Ist schon okay.“ Schließlich senkt sie ihren Blick.

„Aber nur, wenn ich wirklich nicht störe?“, sagt er bescheiden.

Sie beißt sich auf die Lippen um nicht laut zu lachen. „Setz dich und nimm dir zu trinken.“ Sie wendet sich ab, geht zu Claudia und sagt ihrer Freundin etwas ins Ohr.

Martin schaut ihr noch immer nach. „Sie scheint ziemlich unkompliziert zu sein“, sagt er zu Alex. „Hat sie heute Geburtstag? Ich habe ihr gar nicht gratuliert.“

„Ja, unkompliziert ist sie, aber das sind oft die Schlimmsten. Geburtstag hat sie morgen und das Gratulieren ödet sie sowieso nur an. Dass du nichts gesagt hast, hat dich ihr sicher gleich sympathischer gemacht.“

„Ach so?“, Martin schaut abermals zu ihr.

Endlich ist es Martin gelungen Sofie zum Tanzen aufzufordern.

‚Warum hat er sich so lange Zeit gelassen’, denkt sie, ‚er tanzt doch prima’.

„Gemütliche Party“, sagt er schließlich.

Sofie lacht: „Aber nicht zum Einschlafen. Gott sei Dank.“

Er denkt, er hat einen Blödsinn gesagt. Sie liest es in seinen Augen. „Und der Überraschungsgast ist auch nicht übel.“

Er muss über ihre Worte lachen. Sofie lacht auch und der Song geht zu Ende. Beide stehen sich ruhig gegenüber und sehen sich an.

‚An dieses Lachen könnte ich mich gewöhnen’, sagen ihr seine Augen. Sie hängt sich bei ihm ein und sie gehen gemeinsam zum Tisch.

13. Kapitel

Das Glück für Sofie

Bevor die kalten Tage kommen, nützt Max diesen lauen Herbsttag um im Garten noch etwas Ordnung zu machen. Es gibt noch eine Menge Laub und Äste wegzuräumen. Nach einer Stunde intensiver Arbeit hat er schließlich das Notwendigste geschafft. Heute macht ihm die Gartenarbeit sowieso keinen Spaß mehr. Er geht durch die Terrassentür ins Zimmer.

„Wolltest du heute nicht zum Arzt fahren?“, fragt ihn Isabel.

„Da habe ich noch eine Stunde Zeit“, antwortet er ihr und geht ins Badezimmer um zu duschen.

Von der Busstation muss Max noch dreihundert Meter weit gehen, bis er den Wohnblock erreicht, in dem der Spezialist seine Praxis hat.

‚Es ist höchste Zeit ihn aufzusuchen’, denkt Max. In seinem Alter sind regelmäßige Untersuchungen - sind sie auch noch so unangenehm - unerlässlich. Das Gebäude macht einen sonderbaren Eindruck. Die Geländer der versetzten Balkone und Terrassen mit rosa Plexiglas findet Max irgendwie eigenartig. Er bleibt stehen um einige von ihnen näher zu betrachten. Beim genauen Hinsehen sieht er, was die Leute da so auf ihren Balkonen lagern. Max ist froh über sein eigenes Haus, das für zwei Personen groß genug ist und den notwendigen Platz für eine gewisse Ordnung hat. Lange genug hat er in seiner ehemaligen Wohnung in der Hauptstadt mit der Platznot zu kämpfen gehabt. Aber so eine Unordnung auf dem Balkon oder auf der Loggia hätte er sich und seiner Nachbarschaft niemals zugemutet. Die Architektur fasziniert ihn trotzdem. Dass sich die Arztpraxis in diesem Haus befindet, hätte Max jetzt beinahe vergessen. Doch was sein muss, muss sein.

Zwei weitere Patienten warten bereits im Wartezimmer. Max setzt sich auf einen der harten Sessel und spürt, dass ihn die Gartenarbeit doch müde gemacht hat.

******

Neugierig betrachtet Sofie das Wohnhaus, während sie durch den Park geht. Der verwinkelte Neubau mit zwölf Stockwerken und seinen rosa Plexiglas-Balkongeländern wirkt märchenhaft, wie ein Palast. ‚Das Haus könnte für eine moderne Inszenierung von ‚Alice im Wunderland' ein Schloss sein', denkt sie. Schließlich wendet sie nachdenklich den Blick ab. Sie hätte nie daran gedacht, schon heute in die Wohnung von Martin zu kommen. Weniger war sie darüber überrascht, dass er sie bei der Geburtstagsparty um ein Date gebeten hat. Nein, sie hat es eigentlich von ihm erwartet. Und jetzt, bereits am zweiten Abend ist sie allein in der Hauptstadt auf dem Weg zu seiner Wohnung. Sie ist schon lange nicht mehr so glücklich gewesen. Doch soll sie es wirklich zulassen? Soll sie sich wirklich wieder ausliefern, in eine Abhängigkeit und dem Willen eines Mannes hingeben, den sie kaum kennt? Sie versucht ihre Gedanken verschwinden zulassen. Ihre Sehnsucht nach dem Glauben daran, dass es möglich sein kann, dass es diesmal endlich der richtige sein kann, soll die Gedanken vertreiben. ‚Nein, Martin ist nicht so', redet sie sich ein, doch die Fragen lassen sich nicht so leicht beiseite schieben.

Sie erreicht die Haustür und ist schon sehr auf Martins Wohnung neugierig. Wie sie wohl eingerichtet ist? Ob Martin ordentlich ist und für ihren Besuch aufgeräumt hat, interessiert sie weniger.

‚Martin Osvajac', liest sie auf der Klingel. Ohne zu zögern drückt sie den Knopf neben dem Namensschild. Sie schmunzelt, der Name klingt irgendwie lustig.

„Ja“, hört sie aus dem Lautsprecher.

„Sofie.“ ‚Auf Wolke sieben schwebe ich herbei. - Sofie reiß dich zusammen.'

„Komm rauf.“

Der Türöffner brummt. Auf den Lift will sie nicht warten, sie läuft die zwei Stockwerke hinauf. Oben angekommen besinnt sie sich, dass sie außer Atem ist. ‚Wie dumm von mir. Was wird sich Martin bloß denken.'

Martin öffnet die Tür. Sofie blickt in seine Augen und kann nichts sagen. Ihr Herz klopft laut. Es schlägt ihr bis zu den Ohren und sie spürt die rote Farbe in ihrem Gesicht.

Martin schaut sie freundlich an. „Willst du lieber draußen bleiben?“

Er streckt seine Hände aus. Sie kommt einen Schritt näher und er nimmt sie bei den Hüften, zieht sie zu sich und sie geben sich einen innigen Begrüßungskuss.

„Komm herein und setz dich“, sagt Martin und führt sie zu einem gedeckten Tisch auf dem Kerzen auf einem Leuchter brennen. Sofie setzt sich zum Tisch und spürt die Wärme in ihrem Gesicht. ‚Wie peinlich.' „Kann ich ein Glas Wasser haben, bitte?“, sagt sie schließlich und ihr fällt auf, dass sie bis jetzt nichts gesagt hat.

„Ich bringe es dir sofort.“

Martin geht zu der Küchenzeile und Sofie schaut sich das gemütlich eingerichtete Zimmer an. Sie bewundert die freundliche Tapete und das bunte Sofa. Ein geschmackvolles Bild hängt darüber. Martin reicht ihr das Glas mit Wasser.

„Danke.“ Sie trinkt das Glas leer, reicht es Martin und setzt sich auf das Sofa. Nachdem Martin das Glas abgestellt hat setzt er sich an ihre Seite.

Keiner sagt ein Wort. Sofie blickt ihn an und spürt ihre Sehnsucht. Dass Martin sie zum Abendessen eingeladen hat, hat sie aus ihren Gedanken gelöscht. Sie lässt sich in seine Arme fallen und sie küssen sich. Martin steht auf und nimmt Sofie bei der Hand. Das Bett an der Seite hat sie vorhin gar nicht wahrgenommen. Jede Berührung seiner Lippen hinterlässt ein Prickeln auf ihrer Haut. Gefolgt ist jedes davon von dem Nächsten in der anhaltenden Trance. Sie spürt nicht mehr das Kissen unter ihr. Als würde sie schweben, spürt sie nur wo sie sich berühren. Mit hingebungsvoller Sehnsucht spürt sie ihr steigerndes Verlangen, bis hin zum Zenit ihres vollkommenen Glücks.

Sperling oder Drossel - Die Probe nach der glücklichen Nacht

Sofie nimmt das Textbuch und ihre Brille aus ihrer Tasche und wirft sie auf einen Sessel. Lässig lässt sie sich auf die Couch fallen und setzt sich in eine bequeme Position. Mit der Brille auf der Nase schlägt sie die Mappe auf.

Lotte betritt den Aufenthaltsraum der Schauspieler. „Du bist schon hier“, äußert sich die Kollegin erstaunt.

‚Dumme Kuh’, denkt Sofie, ‚willst du mir die gute Laune verderben? Darauf kann ich verzichten. Es reicht schon, wenn Isabel gleich das ihre dazu tut.’ „Ich dachte, den Text noch einmal durchlesen kann ich auch hier“, sagt sie schließlich. Eigentlich ist sie der Meinung, sich als über Zwanzigjährige nicht ständig bei den älteren Kollegen rechtfertigen zu müssen. Das muss sie bei Konstanze zur Genüge.

„Wollen wir gemeinsam die Szene durchsprechen?“, schlägt Lotte vor.

„Ja.“ Sofie setzt sich ordentlich hin.

Lotte setzt sich ihr gegenüber auf einen der bequemen Sessel. Die schlampig auf dem anderem Sessel liegende Tasche entgeht ihr nicht. Sie bemüht sich den Blick schnell abzuwenden, denn sie weiß, dass Sofie kritische Blicke sofort wahrnimmt und sie will die Kollegin nicht kritisieren. Ist sie doch selbst als junges Mädchen so gewesen.

„Das sind essbare kleine Vögel“, sagt Lotte den Text der Tante Alicia für die Szene mit den Tischmanieren.

„Über die Ortolans haben wir in der Schule gelernt“, unterbricht Sofie und lässt das Textbuch sinken.

„Ist ja ekelig wie die zubereitet werden. Erst wird ihnen die Haut vom Kopf gezogen und man sticht ihnen die Augen aus. Oder waren das die Krammets?“

„Igitt“, sagt Lotte.

„Man entfernt ihnen die Augen, damit sie Tag und Nacht nicht unterscheiden können und ständig fressen. So werden sie gemästet“, erklärt Sofie weiter.

„Das ist ja widerlich.“ Lotte ist entsetzt.

„Noch dazu werden sie nicht ausgenommen“, fährt Sofie mit der Art der Zubereitung fort.

Jetzt ist Lotte für den Rest des Tages der Appetit vergangen. Wie soll man da eine Probe mit Speisen bewerkstelligen. Sie versucht sich wieder auf den Text zu konzentrieren: „Sie werden mit samt ihren Knöchelchen gegessen“, fährt sie fort und erklärt, dass die anderen Personen am Tisch das nicht merken oder gar hören dürfen. Sofie übt nebenbei das schmerzhafte Zerbeißen der Knochen, so wie sie es als Gigi machen muss.

„Da seid ihr ja“, sagt Margit als sie den Raum betritt. „Die Sprechanlage funktioniert wieder einmal nicht.“

„Oh, wir haben die Zeit übersehen“, sagt Lotte und steht rasch auf.

„Dafür haben wir schon einiges gearbeitet“, sagt Sofie. Gelassener kann man es nicht sagen. Irgendwie hat ihre gute Laune unter dem Text der Szene und der Erinnerung an den Naturkundeunterricht gelitten. Heute kann sie sich sowieso nur schwer in einen Teenager verwandeln um Tischmanieren zu lernen. Immerzu ist sie in Gedanken wieder in der Nacht mit Martin. Schnell packt sie ihre Sachen und das Textbuch zusammen. Sie versucht die wirre Ordnung ihrer Zettel nicht zu zerstören. Dann nimmt sie schnell die Brille ab und steckt sie in das Etui, welches sie in der Tasche verstaut.

„Charles, bringen sie die Ortolans“, sagt Tante Alicia.

Gustav, der den Diener spielt, bringt die Teller und serviert sie den Damen. Alicia erklärt Gigi wie sie das kleine Vögelchen zerteilen muss. Gigi führt geschickt das Messer mit dem erforderlichen Druck.

„Man darf das Kratzen des Messers auf dem Teller nicht hören.“

Alicia schaut Gigi streng an. Gigis Miene sagt: ‚Leider zu spät.’ Isabel lächelt zufrieden. ‚Irgend etwas ist heute anders an Sofie’, denkt sie. Isabel kann sich noch so sehr bemühen, sich auf Sofie zu konzentrieren, doch sie kann nicht wirklich wahrnehmen was es ist. Doch plötzlich sieht sie in ihre Augen und sie spürt Sofies Liebe in ihrem eigenen Herz. Sie freut sich für Sofie, trotzdem wird sie nachdenklich.

Sofie steckt die Gabel mit dem kleinen Stück Fleisch in den Mund. Sie beißt langsam und zaghaft, als würde sie tatsächlich kleine Knochen zerbeißen müssen. Dabei denkt sie, ob das wirklich schlimmer sein würde, als jetzt und bei jeder Vorstellung das kalte Hühnerfleisch essen zu müssen. Zumindest bei den Proben kann sie nicht damit rechnen, dass die unvermeidliche Mahlzeit warm bleibt.

Das Telefonat mit Martin

Sofie geht schnell die Bühnenrampe hinunter. Ihr Handy hat sie im Täschchen, ihrem Requisit, gleich mitgenommen, um in der Pause nicht in die Garderobe gehen zu müssen. Sie kann es kaum erwarten Martin anzurufen und geht in einen Seitengang des Zuschauerhauses um so ungestört zu telefonieren.

„Hallo“, hört sie seine ruhige Stimme sagen und hält kurz inne, um den Klang im Ohr zu halten.

„Hey, es ist schön dich zu hören“, antwortet sie und lehnt sich verlegen an die Wand. Die Antwort war ihr zu ehrlich.

„Dich auch, fast so schön wie dich zu spüren“, sagt Martin.

Sie fasst sich wieder: „Wen willst du spüren?“

„Dich, mein Schatz, den ganzen Tag lang. Wann bist du fertig?“

Sofie lächelt über seine Worte. „Um halb vier“, sagt sie ganz ruhig.

„Ich kann dich abholen, ich kann es gar nicht erwarten“, sagt er erwartungsvoll.

Sofie überlegt kurz: „Nein, wir treffen uns im Café im Park.“

„Bis dann, meine Liebe“, betont er.

„Tschüss.“ Sie drückt das Gespräch weg und wiederholt innerlich seine Worte.

‚Mein Schatz’, das ist ihr zu verbindlich. Doch sie empfindet sehr viel für ihn. Sie denkt daran wie er sie ansieht. Ruhig und erwartungsvoll und doch nicht fordernd. Sie lächelt. ‚Was soll’s er ist super.’ Ihr Herz macht beinahe einen kleinen Luftsprung und sie geht den Weg zurück, den sie gekommen war.

Nach dem Geburtstagsessen mit den Brüdern

Florian lenkt das Auto in die Auffahrt zum Haus hinauf und stellt es neben der Haustür ab. Julian öffnet die rechte, hintere Tür und steigt aus. Sofie sitzt hinter Florian, sie steigt aus und gibt ihrem Bruder einen Kuss durch das geöffnete Fenster. „Danke, dass ihr gekommen seid. Es was ein schöner Abend mit euch."

Doro steigt auch aus um Sofie herzlich zu umarmen. „Das sollten wir wieder öfter machen", sagt sie zu ihrer zukünftigen Schwägerin.

„Ohne mich", sagt Julian.

Doro lacht. Für Sofie ist Julians Desinteresse nichts Neues. Durch das Leben mit Konstanze, zieht er sich gerne und immer öfter in seine eigenen Lebensbereiche zurück. Aber heute dürfte es auch ihrem kleinen Bruder Spaß gemacht haben.

Beide winken hinterher, als das Auto die Auffahrt hinunter fährt. Sofie sperrt vorsichtig die Haustür auf. Da sich das Zimmer von Konstanze auf der anderen Seite des Hauses befindet, hofft sie, dass Konstanze nichts gehört hat. Langsam schleichen sie die Treppe hinauf. Als plötzlich eine Stufe knarrt muss Julian kichern.

„Psst!"

„Gute Nacht", flüstert Julian.

Sofie gibt ihm einen Kuss und er huscht eilig in sein Zimmer.

Sofie geht zum Fenster und öffnet es, um noch vor dem Einschlafen die frische Herbstluft ins Zimmer zu lassen. Sie lehnt sich auf das Fensterbrett und lächelt dem Mond zu, der auf sie herunter schaut, als ob er darüber zufrieden ist, dass die Geschwister gut nach Hause gekommen sind. Sofie senkt ihren Kopf, denkt an das Geburtstagsessen und den Spaß, den sie mit den Brüdern und Doro hatte. Dann schaut sie wieder zum Mond: ‚Gute Nacht Martin, schlaf gut - mein Schatz.’ Sie weiß, dass Martin den Mond von seiner Wohnung aus sehen kann. Anrufen will sie ihn so spät nicht mehr. Sie schließt das Fenster und geht zu Bett.

14. Kapitel

Isabel holt Claudia und Philipp vom Flughafen ab

Hastig nimmt Isabel ihre Handtasche vom Beifahrersitz und steigt aus dem Auto. ‚Sie werden schon gelandet sein. Hoffentlich schaffe ich es noch', denkt sie. Sie will doch rechtzeitig in der Ankunftshalle sein, wenn Claudia und Philipp durch die Tür kommen. Es ist schon eine Ewigkeit her, dass sie ihre beste Freundin gesehen hat.

„Du wirst mir so fehlen", hat sie damals gesagt, als Claudia ihr mitgeteilt hat, dass sie einen Job in London angenommen hat. Dass Claudia jetzt Philipp, ihren ehemaligen Freund liebt, hat Isabel weniger erschüttert. Das letzte Wochenende hat er bei Claudia in London verbracht und nun fliegen sie gemeinsam nach Hause. Dass Isabel sie abholen wird, haben sich die Freundinnen schon vorher ausgemacht.

„Isabel, stell dir vor. Philipp hat mich überrascht und ist nach London gekommen", erzählte ihr Claudia voll Freude am Telefon. „Er wollte das Wochenende mit mir verbringen. Philipp meint auch, dass es schön wäre, wenn du Zeit hättest uns vom Flughafen abzuholen."

Isabel hat Philipp auch schon lange nicht mehr gesehen. ‚Ob er schon graue Schläfen hat?' Was wird er sagen, wenn er sieht, dass ihr Haar jetzt kürzer ist, sie war doch immer so stolz auf ihre langen Haare.

Claudia und Philipp kommen Hand in Hand aus dem Tor der Ankunftshalle. Philipp zieht einen Koffer hinter sich her und trägt einen Rucksack auf seinem Rücken. Isabel winkt den beiden , als Claudias Blick über die Menge der

Wartenden streift. Am Ende der Absperrung umarmen sich die beiden Frauen herzlich und geben sich einen Kuss.

„Hey“, sagt Philipp und blickt Isabel freundlich an. Schließlich umarmen sie sich und er gibt ihr einen Kuss auf die Wange.

Claudia bemerkt sofort, dass Isabels Blick ernster wird.

‚Du hast ihn ja nicht mehr haben wollen.’ Sie beist sich auf die Lippen. Nein, so darf die beste Freundin nicht denken, ermahnt sie sich beschämt.

„Es ist nicht weit zu meinem Auto. Ich bin gleich auf dem Freigeländeparkplatz stehen geblieben“, bricht Isabel das Schweigen.

Von dem Ausgang der Ankunftshalle sind es wirklich nur ein paar Schritte zum Parkplatz. Philipp hebt den Koffer in den Kofferraum und stellt den Rucksack dazu.

„Wo soll ich euch denn hinbringen?“, fragt Isabel.

„Wir könnten doch gemeinsam essen gehen“, schlägt Philipp vor.

„Ach ja!“, sagt Claudia begeistert.

Das Wiedersehen feiern, das gefällt auch Isabel: „Ich bin dabei.“

„Fahren wir doch zum Kirchenwirt“, schlägt Claudia vor, während Isabel den Motor startet.

„Mir ist es recht“, antwortet sie und fährt los.

Philipp nickt zustimmend und betrachtet Isabel im Rückspiegel, während sie das Auto in die Abzweigung zur Autobahnauffahrt lenkt.

Der Kellner nimmt die Speisekarten vom Tisch und geht in die Küche. Isabel hebt ihr Rotweinglas: „Auf eure Rückkehr.“

„Und unsere Freundschaft“, wirft Claudia ein.

Ihre Gläsern berühren sich mit einem Klirren.

Philipp schaut Isabel in die Augen. ‚Und auf die Liebe', sagen sie ihm. Nein, das bildet er sich nur ein. Claudia die bereits ihr Glas neigt, bemerkt nichts davon.

Als sie das Lokal verlassen, öffnet Philipp Isabel die Fahrertür und sie steigt ein.

„Danke." Sie schenken sich einen freundlichen Blick. Er kann sich einen Moment lang nicht losreißen, um auch Claudia die Tür zu öffnen.

„Philipp, willst du nicht mitfahren?", fragt Claudia fröhlich.

Schnell geht Philipp zu ihr, um ihr die Tür zu öffnen, doch Claudia steigt bereits ein. Isabel startet den Motor und schaut in den Rückspiegel. Jetzt bemerkt Claudia, dass sich die beiden anschauen. Der Wagen fährt los, Claudia greift nach Philipps Hand, lehnt ihren Kopf an seine Schulter und schließt die Augen.

Eine Probe für die Prinzessin auf der Erbse

Isabel steht vom Regietisch auf und geht den Mittelgang des Zuschauerraumes nach vorne. ‚Das Bühnenbild ist prima geworden.' Herbert hat sich wirklich Mühe gegeben ihren Wünschen gerecht zu werden. Es ist beinahe fertig. Die Kulisse ist ein stimmig eingerichtetes Wohnzimmer. An der hinteren Wand befindet sich eine Doppelflügeltür. Links daneben ist eine kleine Kochnische eingebaut. Die Stofftapete an der linken Wand des Zimmers ist in zartem Altrosa gehalten. Die längere Wand an der das Klavier steht und sich die Tür zu Gigis Zimmer befindet ist gelblich. Auf allen Wänden ist ein kleines Blumenmuster zu erkennen. Das Sofa und die Sitzflächen der Stühle beim Tisch sind mit dem selben rosa Tapetenstoff überzogen. Die Requisiten für die Szene stehen bereit und die Probe beginnt.

Im Zimmer nebenan hört man Gigis Mutter singen. Inez und Alicia sitzen beim Tisch. Alicia steht auf, schließt die Tür zum Nebenzimmer und bleibt stehen.

„Dieses kleine Scheusal“, sagt sie. „Sie benimmt sich wie eine Prinzessin auf der Erbse.“

Sofie lacht als sie die beiden über Gigi sprechen hört. ‚Prinzessin auf der Erbse’, ja so fühlt sie sich oft selbst. ‚Reiß dich zusammen Sofie, gleich musst du zu den anderen hinausgehen.’ Da, das Stichwort. Sie öffnet die Flügeltüren und geht schnell die Stufen hinunter.

„Tante Alicia, was für eine Überraschung.“

„Grüß´ dich, Gigi.“

Isabel entgeht ihr kein Detail des Mienenspiels von Sofie. Überraschung, Freude und Zurückhaltung müssen jetzt genau sitzen.

Nachdem Gigi inzwischen wieder in ihr Zimmer zurückgegangen ist öffnet Inez Gaston die Tür. Er ist ernst und entschuldigt sich bei Inez. Gigi liegt oben im Zimmer auf dem Bett und heult. Sie hört Gaston, steht auf und kommt langsam zur Zimmertür. Sie macht sie langsam auf und schreitet mit ernstem Blick die Stufen hinunter. Sie sagt zu Gaston, dass sie lieber mit ihm unglücklich sei, als ohne ihn. Anschließend geht sie ebenso bedächtig in ihr Zimmer hinauf, schließt die Türen und geht zu der Anrichte, wo sie sich im Spiegel betrachtet.

Beinahe hätte Sofie lachen müssen. Hubert hat sie so komisch angeschaut, als hätte sie ihm Grimmassen geschnitten.

„Was ist denn jetzt schon wieder los?“, fragt Isabel.

Margit schüttelt den Kopf.

„Entschuldigung“, sagt Sofie.

„Jetzt sollte es schon langsam etwas werden. Das darf nicht mehr vorkommen“, sagt Isabel streng.

‚Was hast du dir dabei gedacht?‘, fragt sich Isabel. Eigentlich hätte sie jetzt nicht unterbrechen müssen. Diese Nuance, ja diese Dynamik des Geschehenes hätte sie jetzt ruhig laufen lassen können. ‚Ich werde Sofies Spiel mehr Freiraum geben. Nein, ich muss. Bei mir war es damals genauso.‘

Sofie geht zu Isabel und will sich entschuldigen, dass sie in der Durchlaufprobe so unkonzentriert war. Isabel sieht sie auf sich zukommen.

„Du musst nichts sagen. Es war prima, ich bin zufrieden.“ Isabel lacht die junge Künstlerin an.

Sofie weiß nicht, was sie sagen soll. Ein Lob hätte sie jetzt am wenigsten erwartet. „Danke“, sagt sie schließlich mit sichtlich einem verwunderten Blick.

„Bis morgen“, verabschiedet sich Isabel und gibt Sofie einen Kuss.

Sofie ist überrascht, dass Isabel so freundlich zu ihr ist. Bei der nächsten Probe darf sie Isabel nicht enttäuschen. ‚Sofie das schaffst du‘, denk sie, während sie in die Garderobe hinaufgeht.

Im Schuhgeschäft und im Eissalon

An diesem lauen Herbsttag wollen Sofie und Lisa gemeinsam ein paar schicke Sachen besorgen. Vor allem Lisa möchte sich im Ausverkauf noch ein Paar moderne Schuhe kaufen. Das Schuhgeschäft in der Fußgängerzone ist für seine günstigen Angebote bekannt. Die beiden jungen Frauen bleiben vor der Auslage stehen.

„Schau Sofie, die Grünen dort. Was meinst du?“

„Ich weiß nicht“, antwortet Sofie. „Nein, mir gefallen sie gar nicht.“

„Mir gefallen sie“, sagt Lisa selbstbewusst. Trotzdem überlegt sie kurz.

Schließlich betreten sie das Geschäft. Der Verkäufer begrüßt die jungen Kundinnen. Nachdem er die grünen Schuhe in Lisas Größe gebracht hat, lässt er sie wieder allein. Lisa probiert sie sofort an.

„Die passen super“, sagt sie begeistert. „Meinst du, dass sie Markus gefallen werden?“

Mittlerweile macht es Sofie nichts mehr aus, wenn Lisa Markus erwähnt. Vielmehr versteht sie heute den Geschmack der Freundin nicht. ‚Normalerweise haben wir ja den gleichen Geschmack, deshalb hast du auch Markus bekommen.’

„Die Schuhe sind viel zu grell und zu grün“, antwortet sie schließlich.

„Du trägst ja auch grüne Sachen“, sagt Lisa beinahe traurig.

‚Ja deshalb hat mich Markus wohl nicht verlassen’, denkt Sofie und lacht Lisa an.

Der Verkäufer nähert sich ihnen wieder: „Passen die Schuhe?“ Obwohl er Lisa fragt beobachtet er Sofie, die ihm einen freundlichen Blick schenkt.

„Ja ich nehme sie“, sagt Lisa.

Dem Verkäufer entgeht nicht, dass Sofie sofort mit dem Kopf schüttelt.

‚Wahrscheinlich schaut ihr Markus noch immer nur in die Augen oder sonst wohin’, denkt sie.

Lisa ist begeistert: „Jetzt brauche ich da noch eine passende Tasche dazu.“

Als sie das Geschäft verlassen, schaut ihnen der Verkäufer nach. ‚Die Dunkelhaarige dürfte die Vernünftigere von beiden sein. Nicht so verrückt und ausgeflippt’, denkt er über seine Kundinnen nach, während sie über die Straße und dann die Fußgängerzone hinunter gehen.

Sofie denkt an Martin.

„Wollen wir ein Eis essen?", fragt Lisa und reißt Sofie aus den Gedanken.

„Was? Ja."

Im Eissalon bringt das Servierfräulein einen Bananensplit für Sofie und einen Früchtebecher für Lisa.

„Danke", sagt Lisa.

Sofie nickt nur.

„Bitte sehr", sagt das Servierfräulein und schaut dabei Sofie an.

„Bist du mir eigentlich böse gewesen, ich meine wegen Markus?", fragt Lisa nach einer Weile.

Bevor Sofie Martin kennen gelernt hat, hätte Lisa das die Freundin nicht fragen dürfen.

„Du bist meine Freundin. Was soll es für einen Sinn haben, dir böse zu sein. Wenn er dich will und mich nicht mehr, kann ich sowieso nichts ändern."

„Ich habe gleich an dich gedacht", sagt Lisa. „Was du sagen wirst, nein wie es dir dabei gehen wird."

„Wer denkt da schon an andere", antwortet die ältere weise.

„Du sagst das so selbstverständlich. Ich wäre ausgerastet", sagt Lisa und hält den Löffel mit Eis vor ihren Mund.

Sofie versucht ihr nicht ganz ehrlich zu antworten. Eigentlich hat sie sich gefühlt, als ob die Welt zusammenbrechen würde.

„Sicher hat es etwas weh getan."

„Wir wollten dich nicht verletzen."

Lisa hält noch immer den Löffel mit dem Eis. Schon beginnt das Eis auf das Tischtuch zu tropfen.

„Dein Eis."

Schnell steckt Lisa den Löffel in den Mund. Sofie sticht ein Stück von ihrer Banane ab und steckt es genussvoll in den Mund: ‚Eigentlich tut es ganz gut, endlich einmal mit Lisa darüber zu reden.'

Während sie vom Eissalon weggehen, hängt sich Lisa bei Sofie ein. Sie ist froh, dass sie mit ihrer Freundin so offen reden konnte. Obwohl Sofie nicht darüber spricht, ist ihr nicht verborgen geblieben, dass sie einen neuen Freund hat.

Max und Jakob im Biergarten

An diesem lauen Sommertag sitzen Max und Jakob in der Fußgängerzone in einem Biergarten.

„Prost", sagt Jakob und hebt seinen Bierkrug. Max tut es ihm gleich und beide trinken. Jakob nimmt einen zweiten kräftigen Schluck und wischt sich den Bierschaum vom Mund: „Herrlich, das kühlt ab."

„Ja, an so einem heißen Tag ist es nicht das Verkehrteste", stimmt ihm Max zu. „Isabel beklagt sich oft, dass es im Theater bei den Proben zu warm ist."

„Wie geht es dir so?", fragt Jakob.

„Danke, es geht ganz gut. Isabels Inszenierung steht kurz vor der Premiere. Davor ist sie immer sehr launenhaft. Sie hat wirklich viel zu tun."

Jakob sieht seinen Freund mitleidig an. Das wird sich wohl nie mehr ändern. Er grübelt darüber, wie er das Thema wechseln kann.

„Nächste Woche beginnt die Europameisterschaft", sagt er schließlich und es fällt ihm sofort ein, dass Sport auch nicht das Thema ist, das bei Max für Euphorie sorgt.

„Ja, das wird wieder spannend werden", erstaunt Max seinen Freund mit seiner Antwort.

Dabei schaut Jakob zum Eissalon hinüber, wo sich gerade zwei junge Frauen vor dem Eingang zu einem Tisch setzen. Max schaut ebenfalls zu den Mädchen. Eines der Mädchen trägt auffällig grüne Schuhe.

„Diese jungen Leute heute“, sagt Max. „Wenigstens passt ihre Tasche dazu.“

„Sieht doch nicht übel aus“, sagt Jakob ohne dass er den Blick von ihnen abwendet.

Max fällt Jakobs Interesse an den Mädchen auf.

„Welche von beiden ist es denn?“, fragt er neugierig.

„Sind beide nicht übel“, antwortet Jakob.

„Und deine Freundin, wie heißt sie noch gleich?“

„Lydia“, sagt Jakob ruhig und nachdenklich.

„Höre ich da einen unrunden Gedanken an sie?“

„Es ist gerade nicht sehr einfach mit ihr. Sie hat für ihre Prüfungen viel zu lernen, du weißt schon.“

„Zeigst du ihr denn kein Verständnis?“

„Doch, ich glaube schon das ich das tue. Aber sie meint, dass ich mich anderen Frauen zuwende, wenn sie keine Zeit hat.“

„Den Eindruck hatte ich auch gerade, muss ich sagen“, tadelt Max seinen Freund, doch als Mann hat er Verständnis dafür.

„Deshalb deine Frage. Nein, ich bin eine treue Seele und Lydia weiß das auch. Sie muss eben alles hinterfragen“, sagt Jakob mit einem Lächeln und einem lieben Gedanken an sie.

„Ja diese ständige Eifersucht kann wirklich lästig werden. Darunter kann Beziehung schon leiden.“

„Bist du des......“, Jakob würgt seinen Satz ab, doch es fehlen ihm schonende Worte. Das kann er seinen Freund nicht ernsthaft fragen.

„Ich habe Isabel deshalb erst später geheiratet, weil wir uns lange nicht gesehen haben. Das Schicksal hat uns wieder zusammen geführt."

‚Schon wieder Isabel', Jakob resigniert und schaut wieder zu den Mädchen.

Eine Probe unter den Augen der Ballgesellschaft

Ein Blick in den Spiegel. ‚Perfekt', Isabel ist zufrieden und verlässt eilig den Waschraum. Auf dem Gang trifft sie Margit. „Ich bin schon neugierig", sagt diese während sie weitergehen. „Heute wird doch die Ballszene zum ersten Mal durchgespielt."

„Ja, ich bin auch schon gespannt", sagt Isabel mit einem Lächeln.

‚Sicher muss ich die Probe wieder wegen eines Fehlers oder eines Missgeschickes unterbrechen', denkt sie.

In diesem Augenblick kommt Sofie um die Ecke und die Blicke der beiden Frauen treffen sich. Isabel fühlt sich bei ihrem Gedanken ertappt und bleibt stehen.

‚Hast du gedacht, ich komme zu spät?', denkt Sofie. „Hallo!"

Margit nickt nur und geht weiter.

„Guten Morgen", sagt Isabel. „Geht es dir gut?"

Sofies Verwunderung über diese Frage lässt sie nach einer Antwort suchen. „Danke, ja."

„Na dann, bis gleich." Isabel geht weiter und Sofie huscht in den Waschraum.

Auf der linken Seite der Bühne stehen drei Paare vor der Kulisse der Wohnung von Inez. Für diese Probe, die eigentlich auf einem Ball spielt, wurde die Bühne nicht extra umgebaut, da Isabel keine Zeit verschwenden möchte. Weitere Statisten als Ballgäste werden erst später bei den Durchläufen benötigt. Vor den Paaren stehen drei Sessel, wo später weitere Personen sitzen werden.

Sofie hängt sich bei Hubert ein und die Probe beginnt: Gigi und Gaston betreten von links den Ballsaal. Gaston begrüßt die Ballgäste mit einem Kopfnicken. Diese schauen neugierig und beginnen zu tuscheln. Gabi, eine der Frauen, - sie spielt Liane d'Exelmans, die Exgeliebte von Gaston - wirft ihm einen freundlichen Blick zu. Zu freundlich dafür, dass er hier mit seiner neuen Mätresse vor ihr antanzt. Isabel notiert sich, dass sie Gabi darauf aufmerksam machen muss. Rechts steht ein runder Tisch mit zwei Stühlen. Gaston bietet Gigi einen Platz an.

„Bitte."

„Danke, Gaston."

„Mit wem ist den Gaston hier?", sagt Honoré, der mit Gerlinde, einer Nebendarstellerin die Bühne betritt.

„Ach nein", sagt er verwundert. „Schau an, Gigi."

Die Musik beginnt zu spielen und die Paare beginnen nacheinander zu tanzen. Gaston fordert Gigi auf und sie tanzen sich in die Mitte der Bühne. Die anderen Paare hören auf zu tanzen und beginnen sich tuschelnd zu unterhalten. Gaston hört mit dem Tanzen auf und schaut kurz in die Runde. Dann packt er Gigi an der Hand und zerrt sie hinaus.

„Was ist, was habe ich getan?", ruft sie erschrocken.

Die anderen schauen ihnen hinterher.

„Gaston, was ist passiert? Sag es mir doch", ist noch aus dem Off zu hören, während die Musik immer leiser wird, bis sie schließlich verstummt.

„Okay Leute", sagt Isabel, während sie vom Regietisch aufsteht. Nachdenklich geht sie nach vorne.

Hubert und Sofie kommen zurück auf die Bühne.

„Die Paare im Hintergrund müssen rascher auf die Ankunft der beiden reagieren. Es ist hier einfach zu wenig los auf der Bühne. Ich muss das noch mit Dagmar besprechen. Gabi, du sollst Gaston nicht anhimmeln, sondern du bist erzürnt darüber, dass er hier vor deiner Nase mit seiner neuen Mätresse antanzt. Schließlich bringst du dich ja deshalb um."

Gabi nickt.

„Sofie und Hubert, euer Walzer war prima."

Sofie schaut Isabel freudig an, als hätte sie ein Tanzturnier gewonnen. Soviel Lob hätte sie von Isabel heute nicht erwartet. Noch dazu beim Walzertanzen.

„So machen wir es", sagt Isabel nach einer kurzen Denkpause zu Dagmar, die in diesem Moment auf die Bühne kommt.

„Friedrich und Gerlinde sitzen bereits bei einem der Tische und plaudern."

„Worüber und mit welchem Text", fragt Gerlinde, keineswegs erfreut über eine zusätzliche Textstelle.

„Friedrich könnte dein Kleid bewundern oder nach deiner Tante fragen. Dagmar wird schon etwas einfallen. Auch für dich Gerlinde. Ein bis zwei Sätze zu sagen, hat noch keiner jungen Schauspielerin geschadet", sagt Isabel in einem strengen Ton.

Sofie muss lachen. Normalerweise hat Isabel nur für sie solche Aussagen parat, doch sie weiß nicht, ob sie über ihre Worte oder über den verdutzen Blick von Gerlinde lachen muss.

„Noch einen Tisch und zwei Sessel", ruft Karl den Arbeitern zu.

„Sofie", wendet sich Isabel in diesem Augenblick ihr zu. „Du musst das Kleid schöner hoch raffen oder willst du von der Bühne fliegen?"

‚Na ja, wäre auch zu schön gewesen.' Sofie verzieht keine Miene. ‚Nein, es lässt mich kalt.'

„Also bitte", sagt Isabel, nachdem alle wieder ihre Plätze eingenommen haben.

Friedrich und Gerlinde sitzen auf ihren neuen Plätzen.

„Wie geht es deiner Tante?", improvisiert er.

Gabi muss lachen und die anderen lachen mit. Isabel kann sich ein Schmunzeln nicht verbeißen. ‚Na ja, da muss sich Dagmar noch etwas Passenderes einfallen lassen.'

Philipp und Isabel

Isabel steigt aus ihrem Auto. Eilig richtet sie ihr Halstuch, das im Wind flattert und sie geht schnell zum Haus, um den Regentropfen zu entfliehen. Sie kann die Namen auf den Klingeltasten kaum lesen. ‚Najdrazi', steht mit blassen Buchstaben auf einem der kleinen Schilder.

Schließlich drückt sie den dazugehörenden Knopf.

„Ja?", hört sie nach geraumer Zeit.

Sie spürt den Wind heftiger um ihr Gesicht wehen.

„Ich bin´s, Isabel."

Der Öffner brummt. Sie drückt die Tür auf und betritt das Haus. Langsam geht sie die Stufen in den zweiten Stock hinauf. Jetzt so nahe an ihrem Vorhaben angekommen, kommen ihr Zweifel auf. Dass das, was sie vor hat nicht richtig ist, ist ihr wohl bewusst. Max ist ein fürsorglicher Ehemann und stets liebevoll. Nie sagt er ein kritisches Wort über ihre Launen. Er nimmt es wortlos zur Kenntnis, wenn sie ihm gegenüber unfreundlich ist. ‚Er trägt sie auf Händen', wie man es allgemein bezeichnen würde. Doch jetzt hatte Philipp wieder angerufen, ihre alte Liebe. Einst hatte sie mit ihm Schluss gemacht. Nicht weil sie sich neu verliebt hatte. Nein, aus einer Laune heraus, und weil sie dachte, er hätte sie betrogen. Dabei hatte ihm die andere nur den Kopf verdreht und als er es ihr gestanden hatte, dachte sie, dass es bis zum Äußersten gekommen sei. Es war damals ein Schock für Philipp und eine große Enttäuschung. Das konnte sie nie wieder gut machen. Vielleicht wollte sie das auch nicht und so wurden Claudia und er ein Paar.

Trotzdem sind sie über all die Jahre Freunde geblieben. Er war immer für sie da, um ihr zu helfen oder um sie zu trösten. Darüber ist sie sehr froh. Nur in den letzten Jahren, seit sie verheiratet ist, haben sie sich aus den Augen verloren. Als sie sich neulich von Weiten gesehen haben, hat er es zum Anlass genommen, sie am nächsten Tag anzurufen. Sie haben lange geplaudert.

„Ein Glück, dass die Probe gerade zu Ende ist“, sagte sie in ihr Handy, während sie die Bühnenrampe herunter ging. Dabei hielt sie es an ihr Ohr, als ob es keine zärtlichere Berührung für sie gäbe. Der Inhalt des Gespräches mündete in eine eindeutige Absicht. Da Claudia nach ihrem längeren Auslandsaufenthalt ihre Familie besucht und Philipp arbeitet, bleibt er diese Woche allein in der Hauptstadt. Seit Philipp und Claudia zusammen sind, wohnen sie in der Heimatstadt von Claudia und Isabel. Philipp hat seine Wohnung dennoch behalten, um während der Woche nicht jeden Tag in die Hauptstadt fahren zu müssen.

„Danke für deinen Anruf Philipp.“ Nachdem das Gespräch beendet war, wusste sie nicht mehr, wer von beiden den Vorschlag gemacht hatte, sich am Abend zu treffen. Sie ging in den Waschraum, betrachtete sich im Spiegel und strich sich über das Haar.

Isabel erreicht die Wohnungstür. Noch ist sie geschlossen. Soll sie für immer zu bleiben? Ist das ein Wink, dass Philipp noch nicht geöffnet hat? Die Tür geht auf. Philipp steht vor ihr und sieht sie freundlich an.

„Moja Mala, meine Isabel.“

‚Meine Kleine’, hat er zu ihr gesagt. Isabel fühlt sich hilflos, ausgeliefert ihm und sich selbst.

„Hallo,“ schluckt sie heraus. Beinahe wäre kein Ton heraus gekommen. Erwartungsvoll sieht sie ihn an.

„Komm doch herein.“ Er führt sie ins Wohnzimmer.

„Meine Schuhe.“

„Lass´ nur, setz dich.“

Er nimmt ihr die Jacke ab und hängt sie auf einen Stuhl. Sie setzt sich auf die Couch, Philipp kniet vor ihr nieder und zieht ihr behutsam die Schuhe aus.

„Oh, wie aufmerksam“, sagt sie beinahe erschrocken.

„Nein, wie liebevoll“, bessert sie sich aus, wobei sie seine Berührungen als zärtliches Streicheln empfindet.

„Was willst du trinken?“, fragt er sie und geht zu der Küchenzeile. „Natürlich habe ich deinen Lieblingswein hier.“

„Wie aufmerksam.“ Sie erschrickt, fällt ihr nichts anderes ein. „Ja, gerne.“

Sie ist erleichtert. Während Philipp die Flasche öffnet, hat sie Zeit sich im Zimmer umzusehen, Die Wohnung ist nicht sehr geräumig. Von dem kleinen Vorraum kommt man in das Wohnzimmer in der Größe eines Kabinetts. Das kleine Sofa lädt zum gemütlichen Verweilen ein. Der kleine Tisch mit zwei Stühlen bietet Platz für die Mahlzeiten. Hinter dem Vorhang an der gegenüberliegenden Wand dürfte sich ein weiterer Raum befinden. ‚Das Schlafzimmer’, denkt Isabel erschrocken.

Philipp setzt sich und reicht ihr ein Glas mit Rotwein. Ihre Gläser berühren sich so wie sich ihre Blicke treffen. Jeder nimmt einen kleinen Schluck. Ohne, dass einer von ihnen ein Wort sagt, berühren sich ihre Lippen für einen gefühlvollen Begrüßungskuss.

‚Sie ist wunderschön, wie schon seit je her', denkt Philipp. Er kann es nicht fassen, dass sie jetzt hier bei ihm sitzt.

Nachdem sie einen weiteren Schluck getrunken haben, verharren beide in der Erwartung was dieser Abend noch bringen wird.

„Danke für die Einladung", sagt sie um der Stille die Macht zu nehmen.

Philipp muss über ihre Worte schmunzeln. „Isabel!" Er nimmt ihr das Glas aus der Hand und stellt beide Gläser auf den Tisch. Er wendet sich ihr wieder zu und er sieht ihren neugierigen, unschuldigen Blick. Gedanken, ob es ihr gegenüber falsch sein könnte, sie in die Gefahr zu bringen, sie hier und jetzt zu verführen, oder wegen Claudia, will er nicht zulassen.

Isabel fühlt, dass sie ihm nicht wiederstehen kann. Schließlich berühren sich ihre Lippen und verschmelzen miteinander zu einer unauflöslichen Verbindung.

Zuhause angekommen betritt Isabel vergnügt das Haus. Schnell hängt sie die Jacke in die Garderobe und läuft in ihr Zimmer. Dass Max noch nicht zuhause ist, bemerkt sie nicht. Sie legt ihren Schmuck auf das Nachtkästchen, zieht sich bis auf den Slip aus und legt ihre Wäsche auf das Sofa. Sie geht ins Badezimmer und dreht den Wasserhahn der Badewanne auf. Aus dem Spiegel schaut ihr, über all ihren Fläschchen und Döschen auf dem Etagere, ihr schönes Gesicht fragend entgegen.

‚Wie konntest du das zulassen? Hast du das wirklich so gewollt? Ist dir jemals früher dieses Verlangen in den Sinn gekommen, so stark, dass du es geschehen hättest lassen? Gerade jetzt, wo Claudia und Philipp ein Paar sind', fragt sie sich entsetzt. Wie konnte sie das ihrer besten Freundin antun und sich selbst. ‚Wenn das Claudia erfährt. Wir dürfen es ihr nicht sagen.' Sie spürt ihre Tränen bei den Gedanken an ihre innige Freundschaft. Das wäre alles nicht passiert, wenn sie Philipp damals nicht verlassen hätte. Ist er doch von allen ihren Liebhabern der gefühlvollste und der verständnisvollste gewesen. Sie spürte es bei ihm schon immer, dass er es wirklich ernst meinte und nur sie wollte. Vielleicht war genau das der Grund, warum sie sich damals von ihm trennte. Sie brauchte ihre Freiheit und die wollte sie nicht aufgeben.

„Ich möchte nicht an dich gebunden sein", sagte sie ihm damals. Ein scharfer Schnitt traf sie beide in diesem Augenblick. Eine Wunde die nie mehr zu heilen vermochte.

Er zuckte zusammen und es krampfte ihm das Herz. So hätte sie ihm das nicht sagen dürfen. Als riss sie ihm ein Stück, nein, das ganze Herz heraus. Doch er wusste, dass sie ihre Freiheit brauchte und, dass genau das ihr Wesen ausmachte, dass es zu ihr dazu gehörte, wie vieles, weswegen er sie so sehr liebte.

„Es war doch gar nichts zwischen uns. Ich habe dich nie betrogen", versicherte er ihr noch einmal.

„Mag sein. Ich glaube es ist besser so", versuchte sie so kühl wie möglich zu sagen.

Er sah sie an, wie auch sie ihn gerade ansah. Als konnte er in ihren Augen und in der Form ihres Mundes ihre Gedanken lesen, ihre Sehnsucht und ihr Unverständnis über ihre eigenen Worte.

Schließlich prüft Isabel die Wassertemperatur, schlüpft aus dem Slip, steigt in die Wanne und greift nach der Seife.

******

Max macht gemütlich seinen Abendspaziergang durch die Stadt. Er sieht auf der anderen Straßenseite eine Frau aus einem Auto steigen.

‚Mädchen beeile dich, es beginnt gleich zu regnen', denkt er.

Sie richtet ihren Schal und schaut zu dem Mann hinauf, der im zweiten Stock am Fenster steht. Sie winkt ihm und geht durch den Vorgarten zu der Haustür.

‚Schön, wenn man erwartet wird wenn man nachhause kommt', denkt Max und geht schnell weiter, denn auch er will nicht nass werden.

******

Isabel greift nach dem großen Handtuch und steigt aus Wanne. Das Gesicht trocknet sie mit einem kleinen gestreiften Handtuch ab. Noch einmal betrachtet sie ihr Spiegelbild. Die feuchten Haare lassen sie nicht unschuldiger aussehen. Sie geht näher an den Spiegel heran.

„Wer bist du überhaupt? Du willst ein junges Mädchen erziehen?“, sagt sie laut und überlegt kurz. ‚Ich kann Sofie und mich selbst nicht ändern. Wozu auch. Ich bleibe was und wer ich bin und keiner wird das jemals ändern können.'

Sie schlüpft in den Bademantel und verlässt zufrieden das Badezimmer.

Sofie holt Martin vom Bahnhof ab

Die Bahnhofsstraße ist eine ruhige Gasse. Sie zweigt zirka fünfhundert Meter vor der Villa, wo Isabel wohnt, von der Bundesstraße ab. Sofie geht den Gehsteig entlang und kommt zu einem Zebrastreifen. Ein Auto nähert sich und der Fahrer gibt Sofie ein Zeichen. Sie betritt die Straße und sie schenkt ihm dankend ein Lächeln, während sie die Straße überquert.

‚Eine liebe Person', denkt sich der Fahrer und schaut ihr noch nach, während zwei weitere Fahrzeuge hinter ihm zum Stehen kommen, bis er endlich wieder los fährt.

Sofie erreicht den Bahnhof und geht durch das Gebäude zu den Bahnsteigen. ‚Geschafft', denkt sie. Sie hat den Fußweg hinter sich gebracht und kann sich noch auf einer Bank ausruhen. Zu spät kommen, heute, wo Martin kommt? Nein, das hätte sie nicht wollen. Sie kann ihn doch nicht warten lassen, wo sie doch schon so sehr auf ihn wartet. Sonst macht sie das ja gerne so, dass die anderen auf sie warten müssen. Auch bei ihren Freunden, doch sie weiß, dass es ihnen nichts aus macht.

‚Noch drei Minuten, eine Ewigkeit. Hoffentlich hat der Zug keine Verspätung', denkt sie. Zum Glück ist Sofie mit den Proben so beschäftigt, sonst wüsste sie nicht, wie sie die Zeit ohne Martin überstehen würde. Sie schaut sich auf dem Bahnsteig um. Sie ist ganz allein hier. Auf dem ersten Gleis steht etwas weiter weg ein Güterzug. Das zweite Gleis ist frei. Auf dem dritten steht eine Lokomotive. ‚Der Zug mit dem Martin kommt, wird wohl auf dem zweiten Gleis einfahren', denkt sie und geht den schmalen Weg über das erste Gleis zum zweiten Bahnsteig und dann ein Stück in die Richtung, von wo der Zug kommen wird. Sie sieht eine Frau aus dem Bahnhofgebäude kommen, dabei hört sie das Zugsignal aus der Ferne.

‚Die kommt aber gerade noch rechtzeitig zum Zug.' Dass die Frau im Gebäude gewartet haben könnte, daran denkt sie erst als der Zug neben ihr in den Bahnhof einfährt. Ihre Augen schauen neugierig den Zug entlang. Gleich ist es so weit. Soll sie Martin wirklich zeigen, wie sehr er ihr gefehlt hat? Die Türen werden geöffnet. Sofie sieht ihn zwei

Waggons weiter vorne aussteigen. ‚Ja, er ist es.' Martin hängt sich seinen blauen Rucksack um die Schulter. Sofie geht ihm mit schnellen Schritten entgegen. Sein Blick ist freundlich, erwartungsvoll breitet er seine Arme aus und Sofie läuft in sie hinein. Sie genießt die Umarmung und schließt die Augen.

„Liebes", sagt Martin. „Wie schön, dass du mich abholen kommst."

Sie lösen sich, halten sich an den Armen und schauen sich an. Er sieht ihre feuchten Augen, lächelt und sie küssen sich innig.

„Schön, dass du endlich wieder da bist", sagt sie.

„Wie geht es dir, mein Schatz?"

„Du hast mir so sehr gefehlt", sagt sie nun doch, beinahe verlegen.

„Und du mir erst."

Sie hängt sich bei ihm ein und sie gehen über das Gleis.

„Wir können dort vorne den Bus nehmen", sagt Sofie auf der Straße draußen, während Martin den Rucksack um die andere Schulter hängt.

„Wie läuft es denn mit den Proben?"

„Es wird schon. Ich fühle mich immer besser dabei und merke, dass es gut wird."

„Und Isabel?"

Sofie wird ernst, doch eigentlich ist es ihr gar nicht mehr so unangenehm über sie zu sprechen. „Sie merkt das glaube ich auch. Manchmal lobt sie mich jetzt sogar", sagt sie wieder mit einem Lächeln.

„Was wollen wir jetzt machen?", fragt Martin.

Sie bleibt stehen, dreht sich ihm zu und sie schauen sich an. Es folgt ein zärtlicher, inniger Kuss.

„Vorher essen wir etwas. Willst du?", fragt Sofie.

Martin nickt, nimmt sie bei der Hand und sie marschieren los.

Die Pizzeria in der Fußgängerzone ist an diesem Samstag gut besucht. Sofie und Martin setzen sich an einen ruhigen Platz im Gastgarten.

„Ich weiß gar nicht, was ich nehmen soll", sagt Sofie, während sie in der Speisekarte liest.

„Vielleicht etwas Leichtes", meint Martin und schaut sie liebevoll an.

„Satt möchte ich schon werden. Ich habe schon etwas gefunden."

Martin winkt dem Kellner.

„Bitte", sagt dieser, als er zum Tisch kommt.

„Eine Gemüselasagne und ein stilles Mineralwasser."

„Und der Herr?"

„Pizza Margherita und ein kleines Bier."

Der Kellner nimmt die Speisekarten und geht.

Sofie stützt ihren Kopf auf die Arme und sieht Martin an.

„Sind das da drüben nicht Lisa und Markus?", fragt Martin plötzlich.

Aus den Gedanken gerissen folgt Sofie seinem Blick: „Ja das sind sie."

„Juhu", sagt Lisa, nimmt Markus bei der Hand und zerrt ihn in Richtung Gastgarten.

„Martin, du bist zurück", sagt Lisa.

„Sofie war eh schon ungeduldig", sagt Markus.

Lisa gibt ihm einen Stoss.

Sofies Blick wird giftig. Wie kann Markus so etwas sagen?

„Ja, ich bin auch froh, dass ich wieder hier bin", sagt Martin.

„Wie geht es deinen Eltern?", fragt Lisa.

„Danke, es geht ihnen gut. Meine Eltern haben sich sehr gefreut, mich wieder einmal zu sehen."

‚Kann Markus nicht seinen Mund halten, schon schlimm genug, dass sie uns jetzt hier stören.' Sofie ist gar nicht begeistert. ‚Oh nein, sie haben gar nicht mitbekommen, dass Martin nur aus Höflichkeit gefragt hat, ob sie auch hier essen'.

„Gute Idee", sagt Lisa. „Wir setzen uns zu euch."

Sofie lächelt sie künstlich an. ‚Das darf doch nicht wahr sein. Jetzt wo Martin endlich wieder da ist. Wären wir doch gleich nachhause gegangen', denkt sie noch, während Markus eine Speisekarte vom Nebentisch nimmt.

„Ich dachte, wir werden die beiden heute gar nicht mehr los", sagt Sofie, während sie und Martin die Straße zum Haus hinauf gehen.

„War doch eine nette Unterhaltung. Manchmal bekommen Freunde nicht mit, dass sie gerade stören", sagt Martin.

„Aber heute hätten sie es sich denken können", antwortet Sofie verständnislos.

„Es ist ihnen halt nicht bewusst, wie verliebt wir sind", will Martin sie beruhigen.

„Ja", sagt sie und denkt: ‚Markus bestimmt nicht, Martin ist da ganz anders. Und Lisa ist oft wirklich dumm. Halt, Sofie! Tadle nicht deine Freunde. Vielleicht wollten sie auch nur höflich sein. Eigentlich hat sie gar keinen Grund ihnen ihre Liebe übel zu nehmen. Besser hätte es ja gar nicht kommen können. Bis auf die Sache mit...', aber daran braucht sie heute nicht zu denken.

Vor dem Tor schaut Sofie sofort zum Haus hinüber. Gott sei Dank. Die Garage ist offen und Konstanzes Auto nicht da. Es hätte ja sein können, dass sie die Fahrt zu ihrer Schwester verschoben hat.

Sobald die Haustür aufgesperrt ist und die Schuhe abgestreift sind, läuft Sofie durch das Haus.

„He, heute wird nicht Theater gespielt“, ruft ihr Martin nach.

„Bin gleich wieder da!“

Julian hat Fußballtraining und Paula ist heute früher nachhause gegangen. Trotzdem will sie sich überzeugen, dass sie im Haus ungestört sind.

Sie kommt zu ihm zurück. „Keiner da, alles ok.“ Sie wirft sich ihm an den Hals. „Die Nachspeise habe ich oben für dich.“

15. Kapitel

Ein besonderes Frühstück an einem besonderen Tag

Max kommt die Treppe herunter und geht geradewegs in die Küche. Obwohl heute Donnerstag ist bereitet er ein klassisches Sonntagsfrühstück für seine Frau Isabel, denn heute findet keine Probe mehr statt sondern die Voraufführung des neuen Stücks. Es ist der Tag an dem die neue Inszenierung dem Publikum präsentiert wird.

„Es ist soweit“, hat Isabel gestern noch gesagt. Ihre Gigi ist fertig und Max weiß, dass sie nie ganz zufrieden ist mit dem Werk, nicht vor und nicht nach der Premiere. Heute wird sie etwas länger schlafen und sich für ein gemeinsames Frühstück Zeit nehmen, Einkäufe tätigen, zum Friseur gehen, Maniküre und ähnliche Sachen machen. Meistens kann sie an solchen Tagen die Taschen gerade noch tragen, wenn sie nach dem Einkaufen zur Tür hereinkommt. Sie braucht das eben um sich abzulenken, weiß Max. Die Tage nach der Premiere bis zu den Proben für das nächste Stück sind immer schnell vorbei. In der ruhigen Zeit wird jeder Tag genossen und Isabel widmet sich dem Sport und der Fitness. Dreimal in der Woche am Morgen laufen ist ihr dann nicht genug. Da erlaubt es die Zeit, dass sie am Abend mit Freunden zum Tanzen gehen. Eines der wenigen Dinge, die Isabel und Max wirklich gemeinsam machen. Das Laufen hat Max mit zunehmenden Alter etwas eingeschränkt. Doch am Abend mit Isabel zum Tanzen zu gehen oder auch ihr dabei nur zuzusehen, empfindet er als Tanz ins Paradies.

Max bindet sich seine mit Blumen gemusterte Schürze um. Den Tisch hat er schon am Abend zuvor mit einem hellgelben Tischtuch vorbereitet. Über die Blumen in der Vase wird sich Isabel sicher besonders freuen. Sie weiß dann sofort, dass Max den heutigen Tag nicht vergessen hat.

„Guten Morgen", Isabel kommt verschlafen in die Küche, gähnt und sieht den gedeckten Frühstückstisch. Sie nimmt die kleine Vase von der Mitte des Tisches und riecht an den Blumen. „Hm, hast du sie frisch gepflückt?"

„Ich dachte mir, dass du Freude daran hast", antwortet Max.

Sie lächelt Max anerkennend an.

„Die Eier sind gleich fertig", sagt Max, wendet sich dem Herd zu und rüttelt die Pfanne.

Isabel will sich zum Tisch setzen und Max rückt ihr eilig den Sessel zurecht. Sogleich gibt er die gebratenen Eier gekonnt auf den Teller und stellt ihn vor Isabel. Sie blickt ihn kurz an und nimmt das Besteck. Max stellt noch das Körbchen mit frischem Gebäck und den Teller mit den mit Butter bestrichenen Broten dazu. Anschließend nimmt er die Kaffeekanne von der Warmhalteplatte und Isabel reicht ihm ihre Tasse. Danach stellt er das Milchkännchen zu ihr.

„Danke", sagt Isabel und greift nach einem der bestrichenen Brote.

Max setzt sich ebenfalls, nachdem er sich selbst Kaffee eingeschenkt hat.

„Schmeckt köstlich", lobt sie das von ihm liebevoll zubereitete Frühstück. An so einem Tag hat Isabel auch für ihn ein Lob übrig.

Voraufführung und edles Porzellan

Auch bei der Voraufführung muss jedes Detail stimmen, denn nachher nachzubessern liegt Isabel überhaupt nicht. Hier ist der Punkt erreicht, um das Werk den Akteuren zu überlassen.

„Ihr wisst genau, was ich euch in den vergangenen Wochen gesagt habe. Ihr müsst nur daran denken. Immer wieder. Und danach handeln“, hat sie nach der letzten Hauptprobe zu ihrem Team gesagt. Ihre Mitarbeiter und die Schauspieler wissen, dass sie jetzt auf sich gestellt sind.

„Wie eine Mutter, die ihre Kinder loslässt, wenn sie flügge werden.“ Isabel betonte dies sehr theatralisch, was für sie selbstverständlich ist. Für sie ist es ein Abschied von der Arbeit, von den Kollegen und den Schauspielern. Und jetzt auch von Sofie, ihrer Gigi und von sich selbst. Wenn nach dem letzten Akt der Vorhang fällt und sich alle vor dem Premierenpublikum verbeugen, ist alles getan was sie für ihr Werk tun konnte. Sofie wird in den nächsten Wochen und Monaten ihre Rolle spielen, doch Isabel hat dann bereits andere Pläne, auch wenn noch niemand weiß, dass sie das Theater verlässt.

Das Haus strahlt im hellen Glanz. Sauber blitzen sowohl die Glasscheiben der Theatereingänge, als auch die Türgriffe und Handläufe aus Messing. Auch der rote Teppich strahlt, als sei er eigens für heute besonders gereinigt worden. Für die Premiere ist es nicht außergewöhnlich, dass alles poliert wird. Zusätzlich präsentiert sich das Theater schon heute einen Tag vor der Premiere mit der Pracht des Blumenschmucks Die Programmhefte liegen bereit und die Nummernschilder in der Zuschauergarderobe sind geordnet. Im großen Pausenraum steht ein gedeckter Tisch für das Premierenbuffet bereit. Vorbereitungen wie für jede Premiere, doch die morgige ist eine ganz besondere.

Sofie knallt beinahe die Tür zu, als sie beim Portier durch den Bühneneingang herein kommt.

„Hey, Peter“, sagt sie außer Atem.

Er lächelt: „Eine halbe Stunde vor Beginn...“

„...sollen die Schauspieler anwesend sein“, ergänzt sie lächelnd mit einem Blick auf die Uhr an der Wand der Portierloge, die gerade neunzehn Uhr vierzehn zeigt.

„Dann passt es ja für mich.“

Da sie erst fünf Minuten nach Beginn des Stücks ihren ersten Auftritt hat, bleibt Sofie noch genug Zeit sich umzuziehen. Sie geht zu der Treppe welche zu den Garderoben hinauf führt. Karin die Abendregieleiterin, schaut ihr nach. ‚Sie wirkt, als würde sie schon in ihrer Rolle sein und das verspielte Mädchen geben’, denkt Karin und geht zur Bühnentür.

„Es ist neunzehn Uhr fünfzehn, fünfzehn Minuten vor Vorstellungsbeginn“, sagt Karl über den Lautsprecher.

Sofie kommt am Aufenthaltsraum der Schauspieler vorbei.

„Guten Abend Sofie“, sagt Friedrich zu ihr.

Sie bleibt stehen, geht einen Schritt zurück und schaut zur Friedrich, der bereits sein Kostüm angezogen hat, hinein: „Guten Abend.“

Friedrich erhebt sich vom Sofa und geht auf sie zu: „Toi, toi, toi.“ Er gibt ihr einen Kuss auf die Wange.

„Heute ist doch nicht die Premiere“, sagt sie ermahnend. Sie weiß, dass er die Gelegenheit wieder ausgenützt hat.

„Das kann nie schaden. Lass´ dir das von einem erfahrenen Kollegen sagen.“

‚Mit dir habe ich auch schon so meine Erfahrungen gemacht’, denkt sie. „Ja, Erfahrungen kann man nie genug machen. Jetzt muss ich mich aber anziehen. Bis dann.“

Friedrich lässt es sich nicht nehmen, ihr hinterher zu schauen bis sie um die Ecke verschwunden ist.

Gisela nimmt das Kleid vom Haken und hilft Sofie in das Kleid. Sofie betrachtet sich dabei vergnügt im Spiegel. Wie sie es in fünf Minuten schaffen soll, das Kleid vollständig zu schließen, ist Gisela ein Rätsel.

„Sofie, kannst du bitte etwas früher kommen? Stell dir vor es reißt hier etwas ab. Wir sollten hier einen kleine Zeitpolster einplanen."

„Ja, gut", sagt Sofie unwillig und denkt, dass es gar nicht gut tut vor dem Spielen einen Tadel zu erhalten. Es läuft doch alles bestens. Sie freut sich auf die Vorstellung und will ihr Bestes geben. Dafür hat sie hart gearbeitet und Isabels Launen ertragen. Jetzt will sie zeigen, dass es ihre Rolle ist.

„Es ist fünf Minuten vor Vorstellungsbeginn", sagt Karl aus dem Lautsprecher. „Für den Beginn Klara, Hubert und Sofie auf die Bühne bitte." Der erfahrene Inspizient weiß, dass es besser ist, junge Kollegen, rechzeitig zum Auftritt zurufen.

„Na gerade noch geschafft." Gisela wischt sich die Stirn ab.

„Ist doch prima", sagt Sofie. Sie wirft Gisela einen schelmischen Blick zu und saust davon.

Geschickt hält Gigi die Tasse und die Teekanne in den Händen. Sie sitzt aufrecht auf dem Sofa und gießt Tee aus der Kanne in die Tasse.

Ein hübsches Service, denkt Sofie. Sonst steht sie ja weniger auf alte Sachen, doch dieses Service findet sie schön. Das Geschirr, das sie bei den Proben fallen lassen musste, war nicht so edel. ‚Eigentlich schade darum, dass ich dieses jetzt zerschmettern muss.' Der Deckel der Kanne fällt auf die Tasse und Gigi lässt erschrocken die Untertasse fallen. Das edle Porzellan fällt mit einem Klirren auf den Teppich. Es wurde präpariert, sodass die Tasse auch tatsächlich zerbricht.

„Aber Gigi!", Tante Alicia ist entsetzt.

„Entschuldige, Tante Alicia“, sagt Gigi betrübt.
Isabel schmunzelt, sie ist mit dem bisherigen Verlauf der Voraufführung zufrieden.

******

Max trinkt seinen Tee aus und stellt die Tasse auf die Untertasse. Das kleine Kaffeehaus ist elegant eingerichtet und die Stoffbänke sind gemütlich. Dass hier so schönes Tafelgeschirr serviert wird, gefällt Max sehr. Er schaut zum Fenster hinaus. Die Scheiben sind klar, als wären sie gerade eben erst geputzt worden. ‚Die Blumen auf den Tischen sind heute besonders schön arrangiert’, denkt Max und während er seine Blicke zu dem Servierfräulein mit dem kurzen Rock und den schwarzen Strümpfen wendet, reißt ihn ein Klirren aus den Gedanken. Hat doch die junge Frau am Tisch neben dem Fenster tatsächlich eine der schönen Tassen fallen lassen.

Gaston bringt Gigi nachhause

Die Türglocke läutet, als wolle sie nicht mehr verstummen. Inez öffnet erschrocken die Tür.
Gaston stößt Gigi herein und sie fragt unentwegt, was sie denn falsch gemacht habe. Schließlich setzt sie sich wie hypnotisiert auf den Klavierhocker.
„Was ist denn passiert?“, fragt Inez und Gaston verlässt ohne ein Wort zu sagen die Wohnung.

‚Das Kleid ist wunderschön’, denkt Isabel.
Sofie passt das Ballkleid wie angegossen und betont ihrer Figur, sodass sie das gewisse Etwas ausstrahlt. Bezaubernd, wie sie auf der Bühne steht. Starr, wie aus Marmor gegossen, verzieht Sofie keine Miene. Man sieht ihren

Schmerz über die Überraschung, dass Gaston Gigi so vom Ball nachhause gebracht hat, ohne ihr auch nur ein Wort zu sagen warum. Was kann sie falsch gemacht haben? ‚Mädchen, du spielst es prima', denkt Isabel und spürt ihre Freudentränen. Manchmal hat sie ja an Sofie gezweifelt, wenn sie den Eindruck machte, die Proben interessieren sie gar nicht. Oft war richtiger Unmut zu erkennen. Aber dieser Unmut ist, wie sie sich selbst erinnern kann, eigentlich nur der Trotz dagegen, sich sagen lassen zu müssen was man besser machen soll.

Sofie steht auf um in Gigis Zimmer zu gehen. Dabei streift ihr Blick Isabel.

‚Meine Gigi', sagt Isabels Blick, so, als ob sie Sofie umarmen möchte. Sofies Blick bleibt starr wie es die Szene verlangt, doch ihre Augen sagen etwas zu Isabel. Ihr ist als ob sie es tatsächlich hören könnte: ‚Das habe ich doch super gemacht, Isabel.'

Isabel verlässt schnell den Zuschauerraum um rechtzeitig bei der Bühnentür zu sei, wenn Sofie von der Bühne kommt. Die Tür wird geöffnet und die Schauspieler gehen zu den Garderoben, nur Sofie geht langsam zu Isabel die ihr entgegenkommt. Gleichzeitig öffnen sie ihre Arme und ihre Umarmung ist innig. Keinen Gedanken hat Sofie in diesem Augenblick an die Erinnerung, wie streng Isabel sie unterrichtet hat und wie gedemütigt sie sich oft fühlte.

Auch Isabel braucht nicht mehr dagegen anzukämpfen. Das Schicksal hat sie aus irgend einem Grund zusammengeführt und jetzt ist sie sich sicher, dass es wirklich so ist. Dieses ihr vor wenigen Monaten, noch fremde Mädchen, ist sie selbst. Die beiden Frauen lösen die Umarmung und schauen sich liebevoll an.

„Komm, zieh´ dich um, dann gehen wir etwas trinken", sagt Isabel.

„Ja, bis gleich.“ Sofie huscht in die Garderobe hinauf.

In der Kantine haben sich Hubert, Friedrich und Klara an einen Tisch gesetzt.

„Leider musste Lotte schon gehen“, sagt Klara als sich Isabel mit einem Glas Rotwein zu ihnen an den Tisch setzt.

Sofie kommt zur Tür herein und Friedrich applaudiert. Etwas verlegen nimmt Sofie einen Sessel vom Nebentisch und setzt sich neben Isabel zum Tisch.

„Das habt ihr prima gemacht, ich danke euch. Wenn die Premiere auch so klappt, macht ihr mich überglücklich“, sagt Isabel.

Sofie schaut Isabel neugierig an, sie will alles wissen. Isabel spürt was Sofie denkt, doch sie kann ihr gar nichts sagen. Nicht mehr als das, was sie bereits erzählt hat, von ihren Auftritten und ihren Erfolgen. Nein, sie darf ihr nicht mehr sagen.

„Sofie, ich... setzen wir uns dort hinüber“, sagt sie schließlich und sie setzen sich zum Tisch in der Ecke.

„Sag, wie ist das möglich?“, fragt Sofie.

„Ich weiß es nicht und wir sollten es dabei belassen“, antwortet Isabel.

„Erzähl´ mir doch von dir, was du so gemacht hast.“

„Nichts werde ich“, sagt Isabel energisch, so dass die anderen zu ihnen herüberschauen. „Es ist nicht gut dir etwas zu erzählen“, sagt sie etwas ruhiger. „Das musst du alles selber erfahren. Wer will schon wissen, was einen morgen erwartet.“

Sofie ist etwas enttäuscht, doch Isabel hat recht. Sofie hat mittlerweile auch schon einiges erlebt, was sie vorher nicht hätte wissen wollen.

‚Mein Gott Isabel’, Sofie schaut sie erschrocken an, sie musste gerade an die Nacht mit Gerhard denken.

„Wie lange weißt du es schon?“, fragt Sofie nach einer Weile.

„Ich denke, als ich dich das erste Mal hier im Haus gesehen habe. Aber geahnt werde ich es schon früher haben. Wahrscheinlich wollte ich dich deshalb für diese Rolle haben.“

„Und warum gerade dieses Stück? Es wurde schon sehr lange nicht mehr aufgeführt“, ist Sofie neugierig.

„Ja eigenartig, jetzt wo du es sagst, fällt mir das auch auf. Nein Spaß bei Seite!“, sagt Isabel gut gelaunt. „Es wurde 1973 im Gershwin Theatre in New York als Musical gebracht. 1974 im Theater an der Wien die erste deutsche Fassung. Dann noch 1985 im Lyric Theatre in London. Es wurde immer wieder gespielt, meistens als Musical. Wir haben nach einem neuen Stück gesucht. Dann sah ich dich in einer Aufführung und hatte die Idee. Du schienst die perfekte Gigi zu sein“

„Jetzt weiß ich warum ich mich so erschrocken habe, als ich das Bild sah“, sagt Sofie plötzlich.

„Welches Bild?“

„Das auf deiner Kommode. Ich habe es mir angesehen, als ich bei dir Klavierspielen war.“

„Ja und, was ist damit?“, fragt Isabel verwundert.

Es sah für mich so aus, als wäre ich das, auf dem Bild“, sagt Sofie überzeugt.

„Aber wir sehen uns doch gar nicht ähnlich!“ Isabel lacht darüber, was an dem Bild von ihr so besonderes sein soll. Schließlich war sie damals schon einige Jahre älter.

Sofie denkt, dass es eigentlich egal ist. Wozu soll sie sich über eine alte Fotografie wundern.

Isabel nimmt Sofie bei der Hand und sieht sie freundlich an. Ihre Blicke treffen sich und es scheint, als würde es zwischen ihnen keiner weiteren Worte mehr bedürfen.

Zum Reisebüro

Sofie und Martin gehen unterhalb der Fußgängerzone eingehängt die Hauptstraße entlang. Sofie ist gut gelaunt, denn heute wollen sie das Reisebüro aufsuchen um sich über ein günstiges Lastminute-Angebot zu erkundigen. Am ersten spielfreien Wochenende nach der Premiere wollen sie gemeinsam verreisen. Sofie ist Martin sofort um den Hals gefallen, als er ihr den Vorschlag machte.

„Ja, das wäre prima. So ein Wochenende mit dir. Wo wollen wir denn hin?“, hatte sie ihn gleich gefragt.

„Wir könnten uns ja über ein Lastminute-Angebot informieren“, sagte er als er das Leuchten in ihren Augen sah.

In der Fußgängerzone bleiben sie vor dem Reisebüro stehen und schauen in der Auslage auf die Liste mit den Angeboten.

„Wollen wir ans Meer oder uns eine Stadt anschauen?“, fragt Martin.

„Eine Kombination von beidem wäre auch nicht schlecht“, meint Sofie und schmunzelt. Ihr Blick in Martins Augen verrät ihm, dass sie dort von all dem wenig sehen werden.

‚Ich will dich hier und jetzt’, antwortet sein Blick.

Sie umarmen sich und verlieren sich in einem unendlichen Kuss.

Im Reisebüro schaut ihnen der Berater freundlich entgegen. Ihm ist ihr zärtlicher Kuss vor der Auslage nicht entgangen und er vermutet, dass sie eine Hochzeitsreise buchen werden.

„Was kann ich für sie tun?“, fragt er lächelnd. „Bitte nehmen sie doch Platz.“

„Wir wollen übers Wochenende, das heißt nächstes Wochenende, eine Städtereise machen“, sagt Martin.

„Wir hätten da ein Angebot: Vier Tage Paris, die Stadt der Liebe, von Freitag bis Montag. Sehr beliebt bei verliebten Paaren."

Sofie wundert sich sehr über seine Indiskretion und schaut ihn mit zusammengekniffenen Augen an. Dann schaut sie zu Martin. „Oh ja, da wollte ich schon immer hin aber das wollten die anderen nicht und es war mir meistens egal." Wenn Sofie eine Urlaubsreise gemacht hat, dann war das meistens gemeinsam mit ihren Freunden.

„Ja, Hauptsache es macht Spaß", hat sie ihren Freunden geantwortet, wenn sie einen günstigeren Urlaubsort vorgeschlagen haben.

Martin betrachtet das Blatt der Fluglinie mit dem Angebot, das ihnen der Berater vorgelegt hat. „Vier Tage", sagt er. „Geht sich das bei dir aus Sofie?"

„Ja, ich habe erst am Dienstag wieder Vorstellung."

„Okay, wir nehmen es", sagt Martin und schaut Sofie erwartungsvoll an. Das Leuchten in ihren Augen lässt ihn warm ums Herz werden.

******

„Zwölf Stunden mit dem Autobus! Das kann doch nicht euer Ernst sein", sagt Max zu Jakob, der ihm von seinen Urlaubsplänen mit seiner Freundin erzählt.

„Lydia hat Angst vor dem Fliegen und Paris..., davon träumt sie schon lange."

„Junge, das ist wahnsinnig anstrengend. Vielleicht kannst du sie ja doch noch zu einem Flug überreden."

„Alles schon probiert. Ich habe es aufgegeben."

„Na ja, dann musst du es auf dich nehmen. Ich weiß nicht, ob ich das aushalten würde", sagt Max. „Auch nicht aus Liebe."

Wenn der Vorhang das erste Mal fällt

Das Publikum verfolgt gespannt das Geschehen auf der Bühne. Inez fragt Gigi, was denn geschehen sei. Es klopft an der Tür und Inez öffnet. Gaston betritt den Raum ohne, dass er Gigi beachtet und bittet Inez um Gigis Hand. Gigi greift sich an die Brust und lacht ihn überglücklich an.

‚Ja Sofie, wir wollen den Stein der Gigi vom Herzen fällt im Publikum hören.' Isabel strahlt Sofie begeistert an.

Gaston breitet seine Arme aus und Gigi läuft die letzten Schritte ihm direkt in die Arme. Ein zärtlicher Kuss folgt. Sie lösen sich und er macht einen Schritt zurück. „Gigi, du machst mich zum glücklichsten Mann der Welt."

„Worauf du dich verlassen kannst", sagt sie mit einem herzlichen Tonfall.

Der Vorhang fällt.

Der Applaus tobt rauschend los. Sofie schließt kurz die Augen. Sie ist froh, dass sie die Premiere so gut überstanden hat. Der Vorhang hebt sich, Sofie und Hubert stehen Hand in Hand, verbeugen sich und gehen gemeinsam ab. Während sich die anderen Darsteller verbeugen, gehen sie ab um gleich wieder von hinten aus der Kulisse hinaus vor das Publikum treten zu können.

„Sofie, du warst prima, einfach toll." Hubert küsst sie auf die Stirn. Sie lächelt zufrieden. Petra und Rita, die beiden Freundinnen von Gigi, verbeugen sich. Sogleich tritt Hubert durch die Tür in der hinteren Kulissenwand. Nachdem er abgegangen ist kommt Sofie. Der tobende Applaus steigert sich als sie vorne am Rand der Bühne ankommt. Einige der Zuschauer stehen auf und animieren weitere es ihnen gleich zutun.

‚Eine Standing Ovation', denkt Sofie, sie kann es kaum glauben. Immer mehr lassen sich animieren vor Begeisterung aufzustehen. Sofie streckt die Arme aus und Hubert und die anderen kommen von beiden Seiten auf die Bühne. Alle stehen in einer Reihe und verbeugen sich gemeinsam noch einmal. Isabel und Dagmar, die Dramaturgin, kommen jetzt dazu. Isabel reiht sich neben Sofie ein und Dagmar neben Hubert. Alle machen einen Schritt nach vorne und verbeugen sich noch einmal. Isabel und Sofie schauen sich an. Isabel bemerkt Sofies Freudentränen. ‚Mädchen, du hast es geschafft. Du hast ausgezeichnete Arbeit geleistet. Das Publikum liegt dir zu Füssen. Ich wusste, dass du es schaffen wirst. So wie ich es geschafft habe', denkt Isabel.

Noch einmal verbeugen sich alle.

‚Oh, Isabel ich danke dir', sagt Sofies nächster Blick. Isabel spürt Sofies Worte und auch ihre eigenen Tränen. Wieder schlagen die beiden Herzen gleich schnell.

Der Vorhang fällt und geht noch einmal hoch. Alle machen einen Schritt nach vorne zur letzten Verbeugung. Nachdem der Vorhang gefallen ist, gehen alle von der Bühne, nur die beiden Frauen bleiben stehen und sehen sich noch einmal an. Isabel nickt Sofie zu und sie fallen sich in die Arme.

„Danke Isabel, danke für deine Mühe und deine Geduld."

Isabel streicht der Jüngeren übers Haar. „Du hast es hervorragend gemacht. Ich wusste, dass du es prima machen wirst. Herzlichen Glückwunsch!"

Isabel kann ihre Tränen wirklich nicht mehr länger halten. Ihr ist das Mädchen während der Arbeit so sehr ans Herz gewachsen und jetzt dieser Erfolg. Doch was wird jetzt, werden sich ihre Wege trennen? Sie wird nicht ewig mit ihrem jüngeren zweiten Ich weiter arbeiten. Oder kann sie sich so sehr geirrt haben?

„Ich brauche ein Taschentuch, entschuldige", sagt Sofie und geht schnell in ihre Garderobe hinauf. Dort wartet schon Gisela um ihr aus dem Kleid zu helfen. Sofie setzt sich vor den Spiegel und nimmt eines der Papiertücher aus der Schachtel.

„Tolle Vorstellung. Herzlichen Glückwunsch“, sagt Gisela.

„Danke Gisela.“

Gisela bindet das Kleid auf.

„Den Rest mache ich allein, danke.“

Die erfahrene Garderobiere versteht, dass sie jetzt gehen soll. Sie weiß, dass die junge Künstlerin nach diesem Erfolg erst einmal alleine sein will und geht aus der Garderobe.

Sofie sitzt still vor dem Spiegel und schaut auf Gigi, die ihr noch immer entgegen blickt.

‚Das bin wirklich ich’, denkt sie. ‚Das ist mir wirklich gelungen und es ist beim Publikum voll angekommen. Dabei habe ich es Isabel gar nicht leicht gemacht. Sie mir aber auch nicht.’ Da spürt sie plötzlich wieder dieses Herzklopfen wie vorhin auf der Bühne. Ihr ist so, als fürchte sie plötzlich Isabel zu verlieren. Nein, sie möchte es sich nicht vorstellen, dass Isabel auf einmal nicht mehr da wäre, jetzt wo sie ihr eine gute Freundin geworden ist. ‚Ob Isabel das mit der Überraschung nach der Premiere ernst gemeint hat? Ich muss mich umziehen.’ Der Gedanke schießt ihr in den Kopf. ‚Claudia und die anderen werden schon warten. Na ja, als Hauptdarstellerin ist es doch okay, als Letzte zur Premierenfeier zu kommen.’

„Ah“, raunt es durch den Saal, als Sofie ihn betritt. Alle schauen auf die schlanke Person in dem kurzen schwarzen Minirock, den schwarzen Strümpfen und einem glitzernden schwarzen Top. Die hochgesteckten Haare betonen ihr Gesicht und ihre freundlichen Augen leuchten in alle Richtungen des mit Gästen dicht gefüllten Saales.

„Sie kommt“, quietscht Claudia wie ein kleines Mädchen.

Ein Applaus folgt und Isabel geht auf Sofie zu. „Herzlich willkommen.“ Sie küsst Sofie auf die Wange. Anschließend gehen sie gemeinsam zu dem Tisch für das Ensemble. Dort drehen sich beide zu den Gästen um.

„Liebe Premierengäste, liebes Ensemble und Mitarbeiter des Hauses“, beginnt Isabel ihre Ansprache. „Es ist eine große Freude für mich, dass es uns so gut gelungen ist, dem Publikum zu zeigen, was wir in den letzten Monaten erarbeitet haben. Ich weiß, was jeder von euch, jeder einzelne, geleistet hat. Und ich weiß auch, dass der eine oder andere wirklich hart arbeiten musste. Besonders dir, liebe Sofie, bin ich zu besonderem Dank verpflichtet. Du hast dich mühevoll und tapfer für diese Rolle vorbereitet.“ Isabel wendet sich zum Tisch und nimmt zwei Sektgläser, reicht eines davon Sofie und hebt das ihre. „Lasst uns anstoßen, auf Sofie und unser erfolgreiches Team. Auf die gelungene Premiere und auf alle folgenden Aufführungen.“

Die beiden Frauen stoßen ihre Gläser aneinander und schauen sich dabei tief in die Augen. Der Saal wird vom Klirren der Gläser wie von einem Kanon erfüllt.

‚Ich bin so stolz auf dich’, sagt der Blick von Isabel und Sofie versteht jedes ihrer Worte.

„Danke“, sagt Sofie kurz und prostet den Kollegen zu. Nach einem kurzen Schluck sucht sie in der Menge nach ihren Freunden. Sie ist froh, dass es geklappt hat, sie ebenfalls auf die Feier einzuladen.

„Gratuliere dir“, sagt Claudia, als sie aufeinander treffen.

„Echt super“, meint Philipp.

Sofie küsst zuerst Claudia und dann Philipp auf die Wange: „Schön, dass ihr da seid.“

„Ich freue mich so für dich.“ Claudia drückt ihre Freundin fest an sich.

„Coole Rolle.“

„Stefan, ich freue mich, dass du auch gekommen bist“, kommentiert Sofie sein Kompliment. „Hat es dir gefallen?“

„Na ja, Theater. Aber du bist ein Teil davon“, antwortet Stefan.

„Danke, dass ihr alle gekommen seid.“

„Wir sind halt neugierig. Ist Martin nicht hier?“

Claudia stößt Stefan in die Seite.

„Der konnte sich nicht frei machen“, antwortet Sofie. „Er schaut sich morgen die Vorstellung an und wir werden nachher feiern.“

„Das junge Glück sozusagen“, wirft Philipp ein. „Sind Lisa und Markus nicht hier?“

„Sie kommen auch ein anderes Mal“, antwortet Sofie.

Philipp erkennt sofort, dass ihr das weniger ausmacht, als dass ihr Freund nicht gekommen ist.

„Ich muss zu den anderen, wir sehen uns später“, sagt Sofie. Sie dreht sich um und geht zum Tisch zurück, von wo ihr Friedrich schon von weitem mit einem Glas zuprostet. Hubert schaut sie erwartungsvoll an und denkt: ‚In ihrem Outfit ist sie wieder unwiderstehlich.’

„Sofie“, sagt Isabel.

„Ja?“, Sofie dreht sich zu ihr um.

„Ich habe dir doch von einer Überraschung erzählt.“

Sofie schaut Isabel neugierig an: ‚Isabel hat es also nicht vergessen.’

„Da das hier in diesem Haus dein Debüt ist und auch deine erste Hauptrolle, habe ich mir das hier ausgedacht. Du bekommst, wie sollte es anders sein, ein Wochenende in Paris für zwei Personen.“

„Natürlich nur wenn der Spielplan es zulässt“, wirft Heinrich, der Direktor des Hauses, freundlich ein.

Klara und Friedrich, die es gehört haben, applaudieren. Isabel gibt Sofie den Gutschein.

„Danke“, sagt Sofie mit strahlendem Blick.

Mit so einem tollen Geschenk hat Sofie nicht gerechnet. „Vielen, vielen Dank!“ Sie strahlt in die Menge. ‚Da wird Martin staunen. Hoffentlich ist die Stornogebühr im Reisebüro nicht so hoch.’

Nachdem Sofie und Isabel die anderen Gäste begrüßt haben, geht Sofie mit langsamen Schritten durch den Saal. Das Raunen der Menge wirkt mit einem Mal sehr fern. Sie kommt näher an den Tisch heran wo Friedrich schon wieder mit den jungen Kolleginnen beschäftigt ist. Sie stellt ihr Glas das noch zur Hälfte gefüllt ist ab. Dann schaut sie noch einmal in den Saal. Ihre Freunde sieht sie nicht mehr an der Stelle wo sie vorhin gestanden haben. Nur Claudia sitzt mit ihrem Freund an einem der Tische und unterhält sich mit einer Nachbarin. Schließlich setzt sie sich auf ihren Platz in der Mitte der Tafel. Die Tischkärtchen findet sie irgendwie lustig. ‚Wie bei einer Hochzeit’, denkt sie und betrachtet ihren Namen darauf. ‚Meine erste Premiere mit einer Hauptrolle. Du hast es wirklich geschafft, kleine Caspari.’

Ein Gewitter bringt da einiges durcheinander

Gewitterwolken brauen sich über dem Theater zusammen und ein beängstigendes Donnergrollen hallt durch die enge Gasse. Karl drückt den Taster der Sprechanlage am Inspizientenpult: „Es ist neunzehn Uhr. Dreißig Minuten vor Vorstellungsbeginn.“

Sofie sitzt vor dem Schminktisch, das rosarote Kleid hat sie schon an. Sie schminkt sich und ist dabei an ihrem Hals den dunklen Teint abzudecken. Die grünen Augen betrachten kritisch ihr Spiegelbild. Dann tupft sie mit dem Schminkschwamm an einem dunklem Fleck rechts an ihrem Hals. Der Knutschfleck ist zum Glück nicht größer geraten. Eine kurze Geste der Zufriedenheit folgt. Dann führen die zarten Finger der rechten Hand den Schminkschwamm an ihre Nasenspitze. ‚Nanu', denkt sie. ‚Wieso ist jetzt weiße Schminke auf dem Schwamm?'

„Es ist fünf Minuten vor Vorstellungsbeginn. Frau Caspari bitte", sagt eine Männerstimme aus dem Lautsprecher.

Irritiert schaut sie in den Spiegel. Erschrocken fährt sie zusammen. Im Spiegel sieht sie hinter ihr Perücken im Regal stehen. Ihre sticht von den anderen besonders hervor. Sie wurde extra für sie ausgesucht. Sie erinnert sich. ‚Etwas Besonderes für eine besondere Künstlerin, Johanna', hatte der Kostümbildner damals zu ihr gesagt, als er das Kleid und die Perücke für sie ausgesucht hat.

‚Die muss ich ja auch noch aufsetzen, dabei sollte ich schon auf die Bühne gehen', denkt sie verzweifelt.

******

Das Donnergrollen lässt Max aufschrecken. Er schaut sich verwirrt um. Die dunklen Wolken haben das Zimmer verdunkelt. ‚Das Fenster sollte ich jetzt zu machen', denkt er. Er schließt das Fenster und geht zu seinem Sessel zurück. ‚Hoffentlich ist das Unwetter vorbei, bis sich Isabel auf den Heimweg macht.'

Plötzlich hört er die Haustür ins Schloss fallen. ‚Nanu, ist Isabel heute schon zuhause?' Der Gedanke lässt ihn ihr entgegen gehen. Isabel schaut erschrocken, als Max die Zimmertür öffnet. Nein, er darf sie so nicht sehen.

„Isabel. Du bist schon hier? Ich dacht du willst dich mit einem Freund treffen."

Isabels Blick wird fahl, sie kann ihre Hilflosigkeit fühlen. Sie spürt wie ihre Knie weich werden und muss sich setzen. Regungslos starrt sie in den Raum. Weiß Max was sie getan hat? Natürlich weiß er es, wie könnte es anders sein.

Es gibt nichts, was er nicht von ihr weiß. Er kennt jeden ihrer Schritte, jeden ihrer Gedanken. All ihr Fühlen, jedes ihrer gesprochenen Worte und die Stille des Nichts dazwischen.

Langsam dreht sie sich zu ihm und ihre Blicke treffen sich. Max´ Blick wird traurig. Wie recht Isabel doch hat.

„Was willst du denn noch?“, fleht sie. Die Tränen und der Regen aus ihrem Haar laufen über ihr hübsches Gesicht.

„Ist es nicht schlimm genug, dass ich mich wie eine Geisteskranke fühle, wenn ich Sofie begegne? Zu wissen, das bin ich? Alles was sie tut und tun wird, habe ich bereits getan. Und was sie sagt, habe ich gesagt und ich kann mich nicht einmal daran erinnern! Wie sollte ich auch. Ich habe kein Leben vorher und was kann ich danach noch erwarten? Das weißt nicht einmal du selbst. Oder was hast du mit uns vor?“

Max nimmt sie in die Arme. „Es ist alles gut. Ich habe dir nichts vorzuwerfen. Es ist meine Schuld.“

Isabel löst sich von ihm und schaut ihn erschrocken an. ‚Nein!’, sagen ihre verweinten Augen. ‚Nein, nicht Philipp.’ Die Angst Philipp nicht wieder sehen zu dürfen, erfüllt ihr Herz mit einem tiefstechendem Schmerz. ‚Er ist doch alles... .’ Sie kann es nicht zu Ende denken durch die Wut auf die wahnsinnigen Phantasien ihres Mannes.

Max´ Blick wird freundlicher, beinahe sanft. „Ich liebe dich Isabel. Es soll dir an nichts fehlen. Wie könnte ich sonst zufrieden sein, wenn du nicht glücklich bist.“

Isabel senkt kurz den Kopf und dann sagen ihre Augen: ‚Nein! Philipp wird sie niemals aus ihrem Herzen entlassen.’ Sie vergisst, dass ihre Gedanken und Gefühle ohne Max nicht existieren, genauso wenig wie sie selbst.

******

Das Gewitter lässt allmählich nach und der Regen prasselt auf das Fensterbrett. Isabel schreckt aus dem Schlaf und setzt sich auf. Zitternd blickt sie zum Fenster wo in der Ferne noch das Leuchten der Blitze zu sehen ist. Neben ihr schläft Max, ruhig als wäre es eine Nacht wie jede andere, in der nur die Autos von der Bundesstraße zu hören sind. Langsam lässt Isabels Zittern nach. Der Albtraum, dass Max von dem Abend mit Philipp weiß, hat sie sehr erschrocken. Vorsichtig steigt sie aus dem Bett. Nach einem Schluck Wasser fühlt sie sich besser. Auf der Kommode liegt das Textbuch von ‚Gigi'. Isabel lächelt bei dem Gedanken an die gelungene Premiere und an Sofie. Dann betrachtet sie das Bild, das daneben auf der Kommode steht und ist zufrieden.

16. Kapitel

Eine verhängnisvolles Geschenk für einen treuen Fan

Max verlässt eilig den Zuschauerraum. Er will schnell zum Bühneneingang, denn oft verlassen die Schauspieler viel zu schnell das Theater. Als wahrer Fan muss man sich beeilen, wenn man seinen Star noch sehen will, sonst ist die Chance vorbei, ein Autogramm oder gar ein Foto von sich mit dem beliebten Star des Abends zu bekommen. Max braucht das alles nicht mehr. Er ist heute bereits das sechste Mal in dieser Vorstellung und es ist sein Wunsch, die junge Hauptdarstellerin wieder zu begrüßen und ihr einen bunten Blumenstrauß zu überreichen. Dass die Vorstellung heute fünf Minuten später begonnen hatte, weil die Hauptdarstellerin zu spät gekommen war, nimmt ihr keiner der Fans übel. Die große Freude auf das Stück mit der Caspari in der Hauptrolle lies auch Max gerne warten. ‚Fräulein Julie' – ‚Heute ausverkauft' - Johanna Caspari lacht ihm von dem Plakat im Schaukasten entgegen. Er muss aufpassen, dass er auf dem festgetretenem Schnee nicht ausrutscht. Noch einmal um die Ecke, dann erreicht er den Bühneneingang. Heute stehen nur wenige Autogrammjäger davor. Vielleicht drei oder vier, Max kann das in der Eile nicht so genau erkennen. Er geht hinein und ist erleichtert, als er erfährt, dass noch alle Schauspieler im Haus sein dürften. Der Portier kennt Max schon, seine Geste ist eindeutig: ‚Ja sie ist noch da.'

‚Jedes mal Blumen, der ist aber hartnäckig. Na ja, ein Kavalier der alten Schule eben. Ob der Caspari das nicht zu dumm wird? Sie ist da bestimmt achtlos', schätzt der Portier die junge Schauspielerin ein.

„Oh, sind die für mich?", begrüßt Johanna Max mit einem einzigartigen Lächeln.

„Guten Abend, mein Fräulein." Max ist entzückt. Das Gesicht und dieses Lachen faszinieren ihn. „Sie haben heute wieder hervorragend gut gespielt. Diese kleine Aufmerksamkeit ist das Dankeschön für den herrlichen Abend mit einer wunderbaren Vorstellung."

„Danke." Sie nimmt die Blumen und riecht daran. „Heute habe ich das versprochene Bild für sie dabei. Ich habe es hier beim Portier." Sie dreht sich zu der Portierloge. „Franz, gib´ mir bitte den Umschlag."

Der Portier greift in eines der Postfächer und gibt ihn ihr. Sie reicht den Umschlag sofort an Max weiter. „Auf Wiedersehen."

„Auf Wiedersehen", antwortet er und sieht ihr noch nach, als sie die Tür öffnet.

Draußen trifft sie ihre Freundin. „Claudia, wieso bist du nicht hinein gegangen?", sagt sie zu der jungen Frau, die Max vorhin draußen gesehen hat. Johanna geht auf die Straße hinaus und Max hört was sie draußen zu ihrer Freundin sagt: „Gert wartet im Kaffeehaus an der Ecke auf uns." Sie hängt sich bei ihrer Freundin ein. „Du weißt, er holt mich nach der Vorstellung ab, wann immer es ihm möglich ist."

Sie schließt die Tür und die beiden Frauen gehen zum Kaffeehaus hinüber.

Max öffnet vorsichtig den Umschlag. Er zieht eine Fotografie heraus. Sie zeigt Johanna in einem barocken Kostüm, in dem sie einst ihr Bühnendebüt spielte. Er lächelt und sinnt ihren Worten nach. Dann geht auch er in die Nacht hinaus.

‚Morgen nehme ich meinen Fotoapparat mit. Vielleicht lässt sie sich mit mir fotografieren.' Er denkt noch immer daran, was sie gesagt hat.. Ihr Lächeln begleitet ihn auf dem Heimweg durch die Nacht.

Langsam geht Max im Stiegenhaus die Stufen zu seiner kleinen Stadtwohnung hinauf. Er schaltet das Licht im Wohnzimmer ein. Das Zimmer ist mit warmen Farben eingerichtet. Eine kleine Sitzgruppe mit einem runden Tisch, ein Pianino und ein Schreibtisch in der Ecke füllen den kleinen Raum. Max nimmt den Umschlag aus dem Jackett und nimmt das Bild heraus. Er betrachtet es kurz doch innig und stellt es auf den Schreibtisch wo er es an eine bunte Dose anlehnt. ‚Morgen besorge ich einen passenden Rahmen für dich', denkt er und geht zufrieden in die Küche.

Die Freunde auf dem Eislaufplatz

Obwohl die Vorweihnachtszeit des Vorjahres gerade begonnen hatte, war in der Stadt nicht allzu viel von dem hektischen Treiben wahrzunehmen. Im Gegenteil, an diesem Tag war es sogar ruhiger als sonst in der Fußgängerzone. Nur die Kälte ließ vermuten, dass das Jahr bald zu Ende gehen würde. Da Max nicht so viel eingekauft hatte, also seine Tasche nicht so schwer war, wollte er noch einen Spaziergang machen. Der kalte Wind blies ihn an und er zog sich seine Haube tiefer ins Gesicht. In der Nacht hatte es geschneit, deshalb schauten die bereits schmutzigen Schneehaufen wieder wie mit Zuckerguss überzogen aus. Als Max in die Straße zu den Sportanlagen einbog, hörte er schon die heitere Stimmung und die Musik vom Eislaufplatz. Gerne ging er dort vorbei, um den Eisläufern zuzuschauen. Er erreichte den Zaun und schaute auf das Gelände. Der Platz war gut besucht. Er beobachtete ein Paar, dass eingehängt gleichmäßig die Bahn dahin glitt. Am Rand versuchte ein Mann seinem kleinen Kind die ersten Schritte auf dem Eis beizubringen. Im Hintergrund veranstalteten drei Jungs einen Wettlauf auf dem Eis. Den Mädchen, an denen sie vorbei rauschten, gefiel das gar nicht. Eine rief ihnen etwas hinterher, doch die Jungs waren schon zu weit weg, so, dass sie es nicht mehr hören konnten.

Kurz entschlossen ging Max zum Eingang der Anlage. Er hatte es nicht eilig nachhause zu kommen und wollte sich hier Eislaufschuhe ausborgen um einige Runden zu fahren. ‚Warum nicht den schönen Tag noch im Freien an der Luft nützen', dachte er.

Die Schuhe passten ihm gut. Die Einkaufstasche sperrte Max in ein Garderobenkästchen. Anschließend stieg er auf die Eisfläche.

‚Es sind wirklich viele Leute hier, ob es wirklich klug ist heute die ersten Runden der Saison zu probieren', überlegte er kurz. Nach einer Aufwärmrunde ging es aber wieder flott dahin.

‚Ich sollte doch öfter herkommen', dachte er nach seiner dritten Runde und blieb am Rand stehen. Eine kurze Pause hatte er jetzt wirklich nötig, schließlich war er ja nicht mehr der Jüngste. Noch außer Atem schaute er sich wieder die Leute auf dem Eis an. An der Seite bemerkte er drei junge Mädchen, die gemeinsam einen Kreis bildeten. Eines der Mädchen war damit beschäftigt, sich seine langen dunklen Haare mit einem Gummiband zusammen zu binden.

‚Seltsam', dachte Max. ‚Obwohl das Mädchen bedeutend jünger ist, schaut es Johanna verblüffend ähnlich.'

Dann setzte sich das Mädchen seine Haube auf.

„Komm schon", sagte das kleinere blonde Mädchen zu seiner Freundin.

„Nicht schlecht", sagte einer der Jungen von vorhin zu den anderen und deutete auf die Mädchen. Max hatte sie gar nicht neben sich bemerkt. Die Mädchen nahmen sich an den Händen und rauschten davon. Schließlich machte sich Max auf dem Heimweg und schwelgte in Erinnerung an Johanna.

Das Spiegelbild der Isabel und eine Fotografie für die Ewigkeit

Der Winter hat die panonische Tiefebene erreicht und die Villa von Max schaut, wie ein Pilz im Laub, aus der verschneiten Landschaft heraus. Max betritt den fast dunklen Raum und geht mit seinem betagten Gang zu der Kommode. Sie wirkt so wie in einem Scheinwerferlicht, weil sich die Wintersonne hier durch einen Spalt zwischen den Vorhängen, den Weg in den Raum bahnt. Max schaut auf das Bild und ein Lächeln zieht in das faltige und unrasierte Gesicht.

******

Isabel schaut in den Spiegel. Eigentlich kann sie mit sich zufrieden sein. Die harte Arbeit hat sie zum Erfolg gebracht. Seit sie auch Regie führt, ist sie besonders glücklich mit ihrem Beruf. Sicher, leicht war es nicht. Im Gegenteil, sie hat sich nur schwer daran gewöhnt, den Kollegen Anweisungen zu geben. Weiß sie doch von sich selbst, dass es mitunter sehr unangenehm sein kann, immer das machen zu müssen, was die anderen wollen. Sie betrachtet ihr Gesicht. Die kleinen Fältchen bei den Augen hat sie mit ihrer Antiaging-Creme gut im Griff und ihre Zähne blitzen wie seit jeher. Nachdem sie ihren Wimpern die unerlässliche Touche verpasst hat und nicht zu vergessen das leuchtende Rot auf ihren Lippen, ist ihre Schönheit vollkommen. Sie bürstet noch einmal ihr Haar und lächelt in den Spiegel, denn darauf ist sie schon immer besonders stolz gewesen.

Max, der sie beobachtet, kann sich diesem Anblick nicht entziehen. Er muss Isabel jetzt küssen. Gleich, nur wenige Millimeter trennen ihre Lippen. Er drückt sie fest an sich und sie ist ihm ganz nahe und nichts kann sie trennen. Sie sind sich so nahe, wie er es einst in seinen Träumen nicht gewagt hätte zu hoffen, dass es wahr werden könnte. In diesem Augenblick hat nichts anderes mehr eine Bedeutung. Keiner seiner Sinne kann einer anderen Sache gewidmet sein. Was es jetzt zu beachten gilt, ist sie. Und er küsst sie noch inniger.

Doch letztendlich spürt er nur das kalte Glas und den Bilderrahmen in seinen Händen. Bedächtig stellt er es auf die Kommode zurück. Dort steht es nun vor ihm und verharrt stolz, als wolle es nicht mehr berührt werden. Die Frau auf dem Bild ist seit Jahren in sein Herz geprägt – und ihr Blick, der nur ihm gilt und immer nur ihm gelten wird, so lange seine Sinne es zu lassen. Ihr Gesicht zeigt ein Lächeln, das betont wird durch ihre Augen welche unvergesslich sind. Liebevoll gepflegt hat er dieses Bild all die Jahre und doch ist es für ihn so, als hätte er es gerade eben erst hingestellt. Das rosarote Kleid und die barocke Perücke verleihen der Frau eine besondere Eleganz. Max fühlt, als würde ihm ihre Hand entgleiten. Als ließe er sie los, für immer? Die junge Frau auf dem Bild lächelt ihn an, als würde der Fotograf gerade den Auslöser drücken.

******

Sofie beeilt sich, sie will Martin am Kirchenplatz treffen. Heute möchte sie nicht zu spät kommen. Nein, wenn Martin aus dem Bus steigt, will sie schon dort sein. Der Abschied, als er für zwei Tage in die Hauptstadt gefahren ist, war für sie schmerzhaft genug. So sehr hat er ihr gefehlt.

„Es wird mir wie eine Ewigkeit vorkommen“, sagte sie ihm mit feuchten Augen ins Ohr.

Er antwortete ihr mit einem langen innigen Abschiedskuss.

Martin steigt gerade aus dem Bus, als Sofie um die Ecke läuft.

„Hey“, sagt sie beinahe erschrocken.

„Sofie, bist du jetzt so erschrocken?“, fragt er besorgt. „Das tut mir leid.“

„Nein, es ist nur so schön, dass du wieder da bist. Der Bus ist heute aber sehr pünktlich angekommen.“

Martin ist es schon gewohnt, dass sie gerne knapp zu einem Treffpunkt kommt. Sie zögern kurz um dann den Kuss noch inniger zu genießen. Dann gehen sie über die Straße, Sofie hängt sich bei Martin ein und fühlt, dass sie sehr glücklich ist. Sie ist immer ganz aus dem Häuschen, wenn sie sich sehen und doch ist sie ihre Freiheit gewohnt. Wie wird es mit ihnen weiter gehen? Das fragt sich Sofie schon öfter in letzter Zeit. Vergessen ist das alles wenn Martin da ist. Man wird sehen.

Johanna Caspari – Ein besonderer Tag in ihrem Leben

Die Sonnenstrahlen der letzen Sommertage spiegeln sich in den Fenstern des Wohnhauses am Rande der Stadt. Die blendenden Spiegelungen am Nachbarhaus zieren die einfache Fassade. Johanna betritt das hellerleuchtete Stiegenhaus. Die Einkaufstasche und zwei lange Päckchen behindern sie die Wohnungstür aufzusperren. Sie stellt die Tasche ab und lehnt die Päckchen an die Wand. Drinnen streift sie ihre Flipflops neben der Tür ab und legt die Päckchen auf die Couch. Anschließend stellt sie die Tasche auf die Küchenzeile. Nach einem kurzen tiefen Ausatmen holt sie eine Leiter aus dem überfüllten Abstellraum und stellt sie vor das Fenster neben dem Bücherregal. Sie öffnet das Fenster, nimmt eine Rollo aus einem der Päckchen und rollt sie ab. Sie steigt flink auf die Leiter und positioniert die Rollo auf den Fensterflügeln. Dabei stößt sie an das Bücherregal und eine Schachtel mit Zettel und Fotos fällt zu Boden. Aus einer Schachtel fällt ein Bild heraus. Johanna steigt herunter, hebt das Bild auf und betrachtet es. Darauf ist sie mit einem einige Jahre älteren Mann zu sehen. Die Aufnahme wurde im Theater, wo sie die vorige Saison gespielt hat, aufgenommen. Sie erinnert sich an den Mann. Ein Fan, der oft nach der Vorstellung am Bühneneingang gewartet hat. Meistens hat er ihr Blumen mitgebracht, oder Süßigkeiten, die sie sowieso nicht essen durfte. Einmal hatte er sie um ein Bild von ihrem Bühnendebüt vom Jahr zweitausenddreizehn gebeten. Das war damals eine eher unbedeutende Aufführung für Johanna. Sie kann sich noch an das Kleid und die barocke Perücke erinnern.

Die Widmung auf der Rückseite der Fotografie interessiert sie nicht. Sie packt alles wieder in die Schachtel und stellt sie zurück. Johanna betrachtet nachdenklich die Rollo. Der braune Stoff ist beinahe zu dunkel für die hell eingerichtete Wohnung. Eine Sonne wie von Kinderhand gezeichnet ist darauf. ‚Die Sonne hinter der Sonne verstecken, das passt zu dir', wird Gert sagen. Rasch nimmt sie die Rollo herunter und legt sie auf die Couch. Während sie zu der Küchenzeile geht, läutet das Handy in ihrer Tasche. Rasch geht sie zu der Tasche, holt das Handy heraus und hebt ab.

„Claudia, hey!"

„Hallo Johanna", sagt ihre Freundin. „Ich wollte nur mal schauen, wie es dir geht und etwas plaudern."

„Danke, es geht mir gut. Ich komme gerade vom Einkaufen."

„Was Schickes?“

„Nicht was du denkst, Lebensmittel und Rollos für die Fenster. Wenn die Sonne so tief steht, ist es einfach zu hell im Zimmer.“

„Wie geht es Gert?“, fragt Claudia.

„Der hat gestern wieder ein Menü gezaubert, himmlisch sag´ ich dir. Einfach klasse.“

„Du hast es gut,“ sagt Claudia nachdenklich.

„Ja, beim Geschirrwaschen, weil das darf ich jetzt noch machen. Dafür hat der Künstler keine Lust. Aber es ist ok. Es ist einfach alles ok.“

„Du Glückliche, ich freue mich für dich. Ich möchte dich nicht länger aufhalten, wenn du noch zu tun hast.“

„Wir könnten uns morgen treffen. Ich habe am Abend keine Vorstellung und Gert muss länger arbeiten. Hättest du Zeit?“, schlägt Johanna ihrer besten Freundin vor.

„Ja, wir rufen uns zusammen. Bis morgen.“

„Bis dann.“ Sie legt das Handy weg und schaut auf das Geschirr in der Spüle. ‚Oje, ich habe wirklich noch zu tun.’ Sie nimmt einen roten Apfel aus einer Einkaufstasche, wischt ihn flüchtig ab und beißt ein Stück davon ab. Sie geht zum Fenster, schaut in die Ferne und schluckt das zerkaute Stück Apfel. Ihr Mund ist geschlossen und ihre Mundwinkel zeigen den Ansatz eines Lächelns.

Der freundliche Blick, soll er einer Erinnerung gelten? Sie denkt an den vergangenen Sommer und wie sie Gert am See kennen gelernt hat. Ihre Augen schauen unbeirrt in die Ferne, als sähe sie das Schilfgras im See, dort wo hier die Nachbarhäuser stehen.

Das Schilf entlang des Ufers bewegte sich im Wind. Damals schwamm Johanna zur Badeinsel hinüber. Gert saß auf einem Querbalken, der zwei Holzpflöcke, die aus dem Wasser ragten, verband. Als er das Mädchen sah, stellte er sich auf den Balken und sprang in den See. Seine Kühnheit imponierte ihr sehr, besonders da er doch wissen musste, dass der Steppensee nicht sehr tief war. Gemeinsam schwammen sie zu der Insel hinüber.

Die Erinnerung zaubert ein Lächeln in Johannas Gesicht. Sie kneift die Augen zusammen als würde sie die Sonne blenden, dort wo der Wind das Schilfgras über dem Wasser wiegt.

Ende

Schlusswort

Was ist das, was geschah?

Sind Sofie und Isabel für immer verschwunden? Keine Angst Freunde, die ihr Sofie liebgewonnen habt. Isabel plant bereits ein Filmprojekt. Wie ihr euch vorstellen könnt, hat sie für die weibliche Hauptrolle bereits eine Vorstellung, wer sie spielen wird. Also dann, bis bald, zur ersten Klappe.

Nachwort

Warum Gigi?

Die schöne, junge Schauspielerin ist noch sehr jung. Max ist doppelt so alt. Er sieht in ihr eine junge Persönlichkeit, welche das Leben erst prägen wird, mit allen Freuden und Leiden. Ebenso ist es mit den Erfahrungen. Sie lassen sich nicht verhindern und sind doch notwendig. Das unterstellt der jungen Frau keinesfalls eine Unreife, sie hat das Leben noch vor sich. Aufgeweckt und freundlich ist sie, für alles offen und neugierig, haftet etwas tabuloses an ihr - eben Gigi.

Danksagung

An die Frau, die mich zu dieser Geschichte inspiriert hat. Ihr gilt die Widmung.

An Leslie Caron für die zauberhafte Darstellung der Gigi.

An Claudia J., die mich für die wichtigste Nebenfigur inspiriert hat.

An Kathy und Chrissy, die als Lektorinnen dieses Werk vergoldet haben.

An alle Menschen, die mir während meiner Arbeit zu dieser Geschichte begegnet sind, jene die mich inspirierten, sie als Nebenfiguren auftreten zu lassen und jene, denen ich in meinen Gedanken zu dieser Geschichte versunken, nicht innig genug begegnet bin.

An jenen, der es vermag möglich zu machen, dass unsere Werke gelingen und der uns vollendet in Liebe.

Inspiration für Geschichte und Mystik

„Gigi“,
Film USA 1958 von Vicente Minnelli mit Leslie Caron,
nach dem Roman von Sidonie-Gabrielle Colette

„Jenny“,
Film USA 1948 von William Dieterle,
nach dem Roman von Robert Nathan

„Arkadien“
Bühnenstück von Tom Stoppard

Glossar der Synonyme

Rosenname Schneewittchen – Iceberg,
steht für die einzigartige Schönheit und für die Verletzlichkeit durch jene, die ihm schaden wollen.

Datum der Premiere: 24. Oktober
1951 Erstaufführung von „Gigi" als Komödie am Broadway.

Wochentag der Voraufführung: Donnerstag
18. Dezember 1958 Deutsche Erstaufführung des Films mit Leslie Caron.

Pinot Noir, Spätburgunder
Bereits der erste Herzog von Burgund, Philipp der Kühne (1363 - 1404), erkannte den kommerziellen Wert des Weines für den Export und bemüht sich um eine Vermarktungsstrategie.

Der Kirschgarten von Anton Pawlowitsch Tschechow
Uraufführung 30. Jänner 1904 im Moskauer Künstlertheater.
Die Protagonisten reisen am Ende Stücks nach Paris, nur der Diener bleibt zurück.

Fräulein Julie von August Strindberg
Uraufführung 14. März 1889 in Kopenhagen
Tochter des Grafen. Ihre Mutter erzog sie dazu, wie ein Mann zu denken und zu handeln. Das wurde jedoch nicht von ihrer Umgebung akzeptiert. Auf Grund der dadurch entstandenen Konflikte hat sie sich zu einer zerrissenen Person entwickelt, die auf der einen Seite weiß, wie sie

alles bekommen kann, was sie verlangt, die auf der anderen Seite aber nicht weiß, was sie eigentlich haben möchte.

Dunjascha
Das Dienstmädchen im Kirschgarten steht für ‚liebkosend'.

Moja Mala
Kroatisch für ‚Meine Kleine'

Caspari
Freimaurername

Cisárovná
Slowakisch für Herrscherin

Opsjena
Kroatisch für Traumwesen

Sanjar
Kroatisch für Traum

Najdrazi
Kroatisch für Liebster

Osvajac
Kroatisch für Eroberer

Krause
Hersteller von irdenen Gefäßen

Max
der Größte

Sofie
die Weisheit

Isabel
die Unberührte

Johanna
die Gnade erweisende

Claudia
die Verschlossene

Lisa
die Gott verehrt, die Gott geweihte

Philipp
der Pferdefreund

Markus
dem Mars geweiht

Stefan
der Siegeskranz

Martin
der Mars

Thomas
der Zwilling

Rudi
der Ruhm, Ehre, der Wolf

Julian
der Jugendliche

Florian
der glänzende Prächtige

Doro
das Gottesgeschenk

Konstanze
die Beständige

Gert Gerhard
der entschlossene Speer

Jakob
der Fersenhalter, der zweite Zwilling

Klara
die schöne Berühmtheit

Friedrich
der Mächtige

Hubert
der mit glänzenden Verstand

Karl
der freie Mann

Gabriel
der mächtige Mann

Greta
Kind des Lichts

Rita Margot Margit
die Perle

Dagmar
lieb und teuer, der Friede

Heribert Herbert
das prächtige Heer

Lotte
die Kriegsschar

Gerlinde
das Lindenholzschild

Gustav
der Freund

Karin
die Reine

Ingrid
die Schöne

Gisela
für Bürge

Gerda
die Schützerin

Peter
der Fels

Paul
der Kleine

Petra
der Stein

Jan
der Gnade erweisende

Bert
der Glänzende

Mike
Wer ist wie Gott

Agnes
die Keusche

Ralf
der Ratgeber

Gottfried
der Friede

Kerstin
die Gesalbte

Franz
der Franke

Fritz
der Friede und Herrscher

Heinrich
der Mächtige

Paula
die Kleine

Der Einband

Der See und das Schilf stehen für den „gehobenen Diamanten“ im Vorwort und im Bezug zum letzten Kapitel.

Die beiden miteinander verbundenen Holzpflöcke im Wasser stehen für die Liebe in den stürmischen Wogen des Lebens.

Personenaufstellung

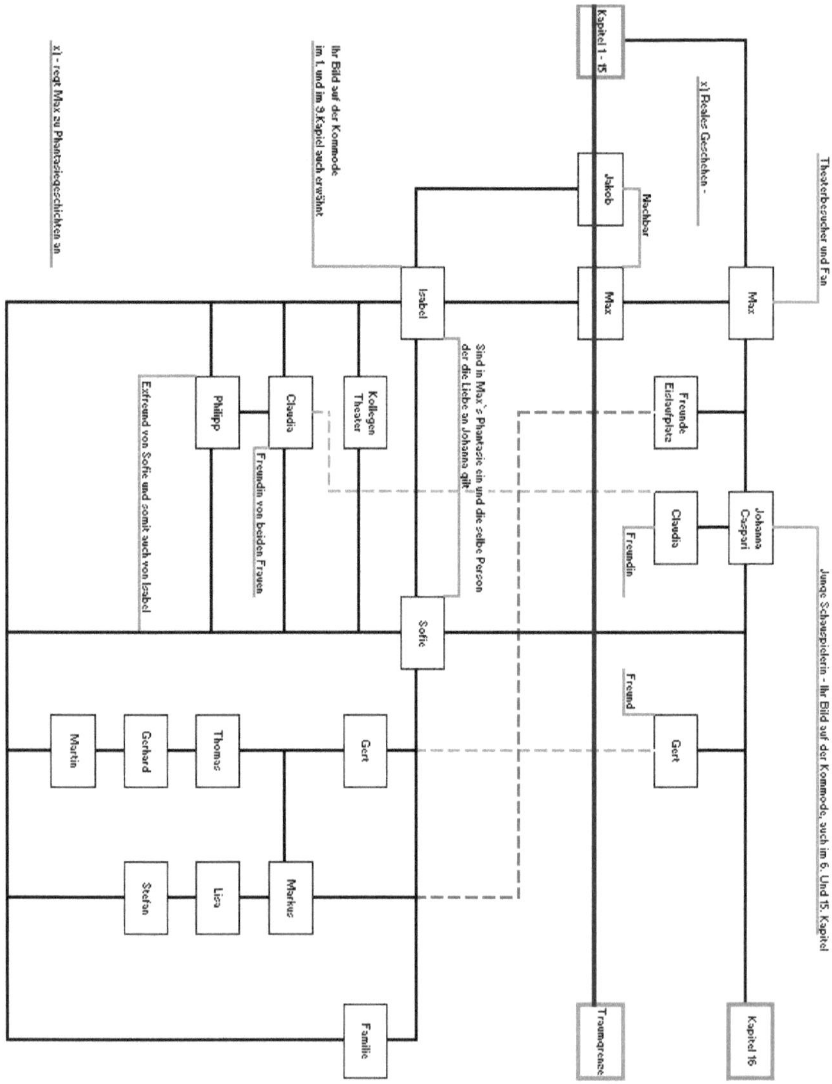